中國學術思想 研究輯刊

十六編

林慶彰 主編

第 5 冊

臻逍遙於有物之域
——郭象《莊子注》研究

徐桂娣 著

花木蘭文化出版社

國家圖書館出版品預行編目資料

臻逍遙於有物之域——郭象《莊子注》研究／徐桂娣 著——
初版 — 新北市：花木蘭文化出版社，2013〔民 102〕
目 2+160 面；19×26 公分
（中國學術思想研究輯刊 十六編：第 5 冊）
ISBN：978-986-322-130-2（精裝）
1.〔晉〕郭象 2. 莊子 3. 研究考訂
030.8   102002260

ISBN-978-986-322-130-2

9 789863 221302

中國學術思想研究輯刊
十六編 第 五 冊   ISBN：978-986-322-130-2

臻逍遙於有物之域——郭象《莊子注》研究

作　　者　徐桂娣
主　　編　林慶彰
總 編 輯　杜潔祥
出　　版　花木蘭文化出版社
發 行 所　花木蘭文化出版社
發 行 人　高小娟
聯絡地址　235 新北市中和區中安街七二號十三樓
　　　　　電話：02-2923-1455／傳真：02-2923-1452
網　　址　http://www.huamulan.tw 信箱 sut81518@gmail.com
印　　刷　普羅文化出版廣告事業
封面設計　劉開工作室
初　　版　2013 年 3 月
定　　價　十六編 25 冊（精裝）新台幣 42,000 元

臻逍遙於有物之域
——郭象《莊子注》研究

徐桂娣　著

作者簡介

徐桂娣（1977.6），女，遼寧省西豐縣人。1996 年～ 2000 年進入吉林大學哲學社會學院哲學基地班學習，獲哲學學士學位。2000 年～ 2003 年繼續在吉林大學哲學社會學院學習，2003 年獲中國哲學碩士學位，同年入職遼寧大學哲學與公共管理學院哲學系，從事教學和學術研究。2006 年考入北京師範大學哲學與社會學學院，2009 年獲中國哲學博士學位，同年轉入大連海事大學人文與社會科學學院，任哲學系講師。主要研究方向為儒家哲學和道家哲學。

提　要

　　郭象是魏晉時期重要的哲學家，他以寄言出意的方法注解《莊子》，將己意貫通其中，使其《莊子注》成為具有獨立價值的哲學著作。

　　在《莊子注》中，郭象不再關注萬物之前或之外的統一性，以肯定萬物的差別性作為其立論的基礎。他明確否定造物之主，反對以「無」為存在的根據，將目光轉向有物之域，認為天地萬物皆出於自生、自造。進而，着重論述萬物各有「性分」：物各有性和性各有極。各有之性依實存本身而有；真性的實現與展開，是為性之極。

　　郭象強調「順」、「任」，主張「無心」，即反對以己制物，要求在自己證成性分的同時，亦不妨礙他者性分的證成。通過無心以順有，乃能個個圓成，與化為體。此種得性而化的狀態，就是逍遙。這個過程，郭象概括之為「神器獨化于玄冥之境」。

　　郭象自覺地從心性的角度來解決天人之際的問題。萬物能得其性分即為天（然），失其性分則為人（為）。因此人的存在當以明天然、得天然為正。如果說莊子「蔽於天而不知人」，郭象則以人的得性工夫一天人，在實現整體和諧的同時，亦凸顯了人的自由性。據此，郭象將逍遙落實到社會人生中，以逍遙統合內聖外王之道，融通名教與自然，化解他人與自我的對待，從而臻逍遙於有物之域。

目

次

導　論

　　《莊子》從成書到今天，獲得世人的廣泛關注，尤其魏晉、唐、宋、明、清以至晚近時期，注釋、解讀者不可勝數。究其原因，大抵緣於人們總是掙扎在「迷失自己」和「尋找自己」的永恒困境當中，《莊子》以它特有的光芒，引領或照亮迷惘的人們：若不能通向那混沌之境，或也可避免全然沉墜於物化當中。事實上，人一旦陷於與物的對待，便會在物中迷失自己，很難超脫出來。人無法擺脫對物的依存，同時也會爲這種依存尋找合適的理由。於是，各種使人安於依存或使人超脫的學說紛紛佔據人們的精神世界。莊子的哲學思想在精神層面給人以莫大的安慰，其「獨與天地精神往來」的獨特運思，使人們對莊子的「無何有之鄉」充滿嚮往；其「乘物以遊心」的超然態度，使人們對莊子的「逍遙」充滿期待。但是精神的自由不足以抵擋現實的侵襲，人無法總是躲藏在虛幻的世界裏，還必須面對自己的眞實。郭象在那個時代似乎更加深切地感受到了這種理想和現實的衝突，故謂《莊子》「雖高不行」、「雖當無用」，將目光轉向有物之域，希望在現實當中尋找到眞正的逍遙。

　　於每個時代的人而言，人生的困境都無法避免，人們對《莊子》的喜愛，多是緣於逃避現實世界對人的束縛和限制，而寄希望於精神的逍遙遣放。郭象摒棄逃避的態度而以「神器獨化於玄冥之境」來求證現實之意義，在有物之域遣散精神的虛妄，賦予人以當下的解脫。人除了存在，沒有另一個世界，故「與化爲體」，不問來處亦不問歸處，在生生（存在）當中體證自性逍遙。所以，郭象希望通過對《莊子》的注釋，使當時的「貪婪之人，進躁之士暫而攬其餘芳，味其溢流，彷彿其音影」，以有「忘形自得之懷」；進而「探其遠情而玩永年者」可以「綿邈清遐，去離塵埃，而返冥極」。本文解讀郭象《莊子注》，一方面理

解其如何摒棄「虛幻」的逍遙，如何臻逍遙於有物之域；另一方面也希望以此為借鑒，在這紛繁的世界為人生尋找到真正的安身立命之所。

哲學所關注的問題無非是人的困境，而人的困境大抵可以分為兩類：生存的困境和思維的困境。生存的困境是指關乎人安身立命之所在的問題；思維的困境是指人認識世界所憑藉的根基問題。每個哲學家都會站在自己時代的立場上對其所遭遇到的困境做出某種解答。就中國哲學而言，生存的困境成為哲學家們關注的主要問題。世事流變，時與境遷，解答日新然困境依舊。這是中國哲學的短處，似乎少有「發展」（西方哲學意義的發展），但也是中國哲學的長處，對生存困境的關注使我們的思考始終體貼生命，體貼人。中國哲學因其面向生存困境，提供給人的是對生命本身的理解，常能自覺地跳出「一家之言」的固執，否定在知上對生命的禁錮，而希望通過言的「能指」讓人們看到言的「所指」，故有「得意忘言」之說。西方哲學多長於對思維困境的解析，希望通過對人所存在的世界知識化的解釋，進而對人的生命有所把握。但是生命作為一個活潑的流動性整體，並不是用思維或者知識可以窮盡的。雖然黑格爾曾寄希望通過辯證法消解「思維」對生命的宰割，但這種嘗試至今不被部分學者理解和接受。這並不是說中國哲學忽略人的思維困境，而是由於民族性格和時代的原因，中國哲學選擇了在生存困境中來理解人的困境問題。這一點在郭象《莊子注》裏面表現得十分明顯，與其說郭象面對的是《莊子》，不如說郭象面對的是和莊子一樣的困境。郭象在《莊子》那裡繼承下來的不是莊子的論理模式，而是其對生存困惑的執著關注。我們今天對郭象《莊子注》的解讀也是一樣，面對的雖然是郭象，但最終面對的也是莊子和郭象所面對的生存困境。

那麼，莊子和郭象究竟面對了怎樣的生存困境？這是首先要分析的問題。實際上，每個時代的生存困境似乎都很不同，但每個時代的生存困境又都深根於人自身存在的矛盾。總的說來，從人的存在角度而言，人面臨的生存困境或矛盾主要有以下三種，形上層面：差別性和統一性的矛盾；社會層面：個體和群體的矛盾；個體層面：身心的矛盾。莊子和郭象面對的生存困境也無非就是這三個方面。

就形上層面而言，郭象否定超越的統一性，通過有物之域的轉向和「性分」觀點的提出，將差異性貫徹到底，為個體價值奠基。從老子言「道法自然」，到莊子進一步講「自然」、「無為」，道作為統一性原則在某種程度上被

弱化了。但在老莊那裡，其哲學旨趣始終建基於對人性的統一性理解當中，無論是「道」還是「自然」，作爲現實存在的背後「支撐者」始終具有終極的統一性意義。老莊雖然也重視個體自身的成就，但是這種成就的目標總是指向一個終極的統一性，因此個體的差異性在這種統一性當中往往不被看重或者被抽象化了，個體存在常常要讓位於這個「終極的統一性」。而在郭象這裡，每一個體性存在都具有絕對價值和意義。郭象直接在「性分」上講自然，消解了那個實存之外的統一性根據，每一個體性存在都是「物各有性」、「性各有極」的，在「各有性」的意義上言每個具體存在的價值，在「各有極」的意義上言這種差異性在「盡性」、「各冥其極」的同時又能獲得統一性。所以，如果說在老莊那裡，個體的差異性是以統一性爲前提的，那麼在郭象這裡，他希望在萬物成就自身之存在，也就是「性同得」的過程中，再將統一性重新建立起來，可以看作是以差異爲起點的後統一性。因此，郭象在認可個體差異性的前提下，重新建立起整體和諧，又在整體性當中確證個體之意義。莊子雖然也注重個體之間的差異性，但這種差異性是在「物際」意義上言的，是對「天然」個體差異的一種肯定，而在價值和意義的獲得上這種差異性原則並未貫徹到底，個體價值的齊一還要依賴於那個統一性的「道」。郭象消解了「道」的統一性意義，立論於有物之域，在認同個體差異性存在的基礎上通過萬物成就自身存在的過程，重新建立起萬物的統一性，這種統一性就不是超越的統一性，而是萬物內在的統一性。

就社會層面而言，差異性和統一性的矛盾表現爲個體與群體，或者說個體自由與社會秩序的矛盾，也就是魏晉時期討論的自然與名教的衝突。郭象提出個體「性分」之內外（表）的問題，使這種衝突有了和解的可能。在莊子那裡，作爲個體的人其存在原則依於自然的本性，但人又生活在群體當中，群體的社會性和人的自然性是相對的。莊子在解決這種對立的時候更多的強調人要回歸自然的本性，所以喜以物爲喻，參照物的自然來講人的自然。莊子的這種講法易引起某種誤解，誤把人的社會性當作人的外在性去對待。在郭象這裡，社會性與人的自然性並不衝突，唯一的標準是「性分之內」還是「性分之表（外）」。所以，郭象將個體與群體間的矛盾轉化爲每一個體自身「性分」內外的問題：一方面，群體的「和諧」是建基在每一個體保持自己的「性分」的基礎之上，而不是作爲生命個體追求的目標或價值；另一方面，萬物「各安其分」，便會呈現出群體的「相因而和」。郭象立足於有物之域，實際上就是在肯定個體存在的

價值和意義，而整個社會的價值和意義就在於每個個體的價值和意義的實現，因此，郭象將個體與群體外在的矛盾內化爲個體如何在自己的「性分之內」實現自己的意義和價值的問題。這種轉變固然表現出其對當時社會動亂的「無可奈何」，而實際上有著更深刻的理論意義。處理個體與社會之間的關係無出二途，要麼從個體性出發，要麼從群體性出發，但最終都是希望達到個體與群體的和解。儒家思想是以群體性爲基點，並通過個體自主、自覺地養性工夫實現個體價值與群體價值的一致。而郭象論證了以個體性爲基點，實現個體價值和群體價值和諧的可能性。這不是一個時代性的問題，而是人類性的問題，郭象所開闢的這個路向具有重要的參考意義。

就個體層面而言，身心的問題就是個體的「有限性」和「無限性」的矛盾。在郭象這裡最終表現爲「性分」的實現問題，由得性而逍遙：通過「適性、無心、與化爲體」的方式成就「性分」，也就達到了個體對有限性的超越。個體性與群體性矛盾僅是個體有限性在空間維度上或者說橫向的表現，而個體有限性的另一個表現是在時間維度上或者說是縱向的。人最不能捨棄的就是生命，但是在時間的維度上，人的生命總是有限的。多數的宗教總是懸設超越於肉體的靈魂的存在，藉此以解決人在時間上的有限性。但是，郭象立足於人的現實存在，摒棄任何虛幻的解脫，所以，就需要在生死問題上爲人尋找到超越的可能性，郭象是通過性分與獨化來完成這種超越的。郭象言：「夫死者獨化而死，非夫生者生此死也，生者亦獨化而生耳，獨化而足」。(《莊子‧知北遊注》)從萬物獨化看，不存在有無、生死的轉化，可以說對於生者來說只有生生，或者說「死」並不是生者需要關注的問題。進而，郭象又指出如果把生當作開端，死方謂死，相反，如果把死當作開端，死即是生，「更相爲始則未知孰死孰生也」(《莊子‧知北遊注》)。因此，人的死生的矛盾不在於有生、有死，而在於以生惡死或以死惡生。事實上，在郭象看來，人對生和死的區別和取捨是來自於對生的貪愛，對死的厭惡，要破除這種執著和矜尚就需要「無心」，無心才能以死生爲一，從而實現「與化爲體」，超越生死的樊籬。死並不意味著個體的有限性無法超越，在郭象看來，個體的存在價值也不在於追求生的永恒、無窮，而在於與化爲體，以所在爲適，則無所不適。因此郭象所實現的個體對有限性的超越是內在的超越，是在個體成就自身存在的過程中實現出來的超越。

從以上三個層面可以看出，相對於老子、莊子，郭象明確將立論的基礎轉向有物之域，轉向有物之域的具體存在。我們言存在，一方面是名詞意義

上的萬物，另一方面是動詞意義上的萬物成就自身的過程。郭象明確消解那個實存之外的超越性的「一」，肯定個體性的「多」；不再消極地對抗群體性的束縛，而是從個體性出發建立群體性的價值；從尋求個體實存的外在逍遙，轉變爲安於「性分」之內的即世逍遙。在莊子那裡，實現逍遙要「乘天地之正，御六氣之辯」，意即無待，只能在精神中獲得。郭象則言：「故乘天地之正者，即是順萬物之性也；御六氣之辯者，即是遊變化之途也。」（《莊子‧逍遙遊注》）在郭象這裡，逍遙是無所不待，是個體「全其性分之內」的結果，這樣，逍遙不是精神境界意義上的自由，而是個體在有物之域中對各自本性的一種獲得。萬物如果不能安於自己的性分，「以己制人」或「相效」，都會使個體失去自己的「性分」，都將使個體陷入衝突和矛盾中。所以，郭象言「適性」、「無心」、「與化爲體」，並不是爲了刻意追求「逍遙」，而是爲了成就自己作爲個體性的存在，這一成就自身存在的過程也就是萬物實現逍遙的過程。

　　由上可見，郭象《莊子注》自有一套概念系統和論理系統，前後通貫、自成體系，因而可以將郭象《莊了注》看作具有單獨意義的哲學著作，不但是理解《莊子》的一部珍貴典籍，並且別有一番成就。在寫郭象之前，筆者曾經遇到這樣的難題，就是要理解郭象，首先需要理解莊子，這是無論如何也避免不了的。顯然，《莊子注》從「言」上無法脫離《莊子》，但從「義」上卻可以有更多的歧出，至少是對《莊子》的「接著講」而不是「照著講」，其所蘊涵的哲學義理，深化和發展了莊子思想。關於《莊子注》和《莊子》之間的關係問題會在文中進一步闡述，但本項研究側重點是如何理解郭象《莊子注》中的哲學思想。郭象通過對《莊子》的注釋，表達了他對《莊子》的理解，也表達了他對人的生存困境的理解。但是，在我們這個時代，用注釋的方式來表達對一個哲學家的理解顯然是不合時宜的，我們必須採取一種論證的方式。注釋的好處在於它直接關乎人的生命整體，是用一種「言」的方式表達的「悟」，而論證就很難做到這一點。論證雖然便於人們的理解，但其對生命整體的宰割是不言而喻的。

　　如何用我們時代可理解的語言和思維方式來詮釋郭象，這是擺在我們面前的問題。這個問題在當年郭象注《莊子》的時候是不存在的。雖然郭象在《莊子注》裏也採用「辯名析理」的方法，但他所謂的辯名析理和現在筆者所說的概念式論證不盡相同。郭象思想裏的一些概念，和他的生活經驗是直接相關的，或者說，和他對生活的感受和體驗直接相關，他以一種注釋《莊子》的方式表

達出來。郭象理解莊子，更多的是從生命的體悟中得來，而這樣一種智慧所承載的東西，不是簡單可以用概念就能表達清楚的，抑或他所追求的也不是概念的清晰或不矛盾，更多的是「寄言出意」。中國哲學注重的是概念間的相互印證，雖然略欠嚴謹，但更能使概念所表達的涵義圓潤、豐富，直指一個主題。這點並不像西方哲學的概念那樣，自成體系之後能夠形成概念之間必然的聯繫。這種必然的聯繫雖然對「思」的問題表達得更清楚、明白，但對思所指向的「生」的問題卻是一種遮蔽。所以，「寄言出意」不但是郭象理解《莊子》的一種方法，也是中國哲學達到自我理解的有傚之途。但是，今天理解郭象，言的問題是無論如何也繞不過去的，特別是在西方文化的衝擊下，我們的言語方式已經發生深刻的變化，論文本身也是希望通過言的論證來說出言背後的「意」。所以，本文的基本構想是對郭象的思想做一個體系化的闡釋，但這種體系化的闡釋並不是要自行構建一個概念系統，而是要以現代人的思維方式對郭象的思想進行梳理。所謂的體系化的理解也並不是純概念化的理解，在論證的過程中仍然是以郭象面對的困境和問題逐層而展開。只是在理解郭象的過程當中按照哲學自身應有的邏輯（這點取於西方哲學）嘗試著去做一種統一性、整體性的「規劃」。這種「規劃」的目的在於：在當代的話語方式和思維方式之下去理解郭象概念的「所指」，而這種方式，也是我們這個時代的「能指」。

　　關於郭象《莊子注》的研究，學者們已經取得了豐富的研究成果，概而言之主要表現在以下幾個方面：其一、文本方面，學者們雖然沒有專門的著書立說，但在其把握郭象《莊子注》思想之前，對《莊子注》及《莊子序》的作者問題、版本問題、二者思想關係問題都多有論述。這個問題在湯一介先生的《郭象與魏晉玄學》、馮友蘭先生的《中國哲學史新編》（第四冊）及王曉毅先生的《郭象評傳》中都進行了比較深入的研究，另外也有學者專門撰文而論之。其二、思想內容方面，學者們更是用力頗深，不但從莊學的立場，而且從魏晉玄學的立場對郭象哲學思想加以闡釋。有專門而論之，如王曉毅先生的《郭象評傳》、莊耀郎先生的《郭象玄學》、蘇新鋈先生的《郭象莊學平議》，另外還有黃聖平的《郭象玄學研究》、金龍秀的《郭象莊學之研究》兩篇博士論文，海外漢學方面也有專門的研究，例如 BROOK ZIPORYN 的專著 *THE PENUMBRA——THE NEO-TAOIST PHILOSOPHY OF GUOXIANG* 對郭象《莊子注》中的一些概念和問題作了細緻的疏解；也有被納入莊學和玄學中而論之，如湯用彤先生的《魏晉玄學論稿》、牟宗三先生的《才性與玄

理》、湯一介先生的《郭象與魏晉玄學》、康中乾先生的《有無之辨：魏晉玄學本體思想再解讀》；有從中國哲學史的角度而論之，如馮友蘭先生的《中國哲學史新編》（第四冊）、余敦康先生的《魏晉玄學史》、方勇先生的《莊學史略》、許抗生先生等著的《魏晉玄學史》，對郭象也都有涉及並提出了深刻的見解，這類研究較多，在此不再贅述。其三、在研究方法方面，學者們多借用西方哲學的研究方法，以本體論、現象學、存在主義、解釋學等諸多研究方法以釐清郭象《莊子注》的思想脈絡。如湯一介先生對郭象《莊子注》思想體系的建構、王葆玹先生和蒙培元先生對郭象《莊子注》存在主義和現象學的解釋都是這方面的代表。另外王曉毅先生從歷史的角度，史論結合的方法對郭象《莊子注》的研究也具有重大借鑒意義。但是，無論是從文本的意義上而言，還是從思想內容及方法上而言，都有必要做進一步的拓展。

　　對於郭象哲學思想的理解，大體有兩種不同的方式，一種是以問題為主，圍繞幾個核心問題對郭象哲學思想行闡釋；另一種是以哲學概念為核心，通過體系化論證的方式，揭示郭象哲學思想的深刻內涵。以問題為主，對郭象的思想把握得比較全面。如有學者以「自然」和「性分」為綱，把郭象的思想把握為「逍遙觀」、「有無論」、「聖人論」、「名教論」、「自生論」、「生死觀」等諸多環節，進而認為郭象的思想是由自然到玄冥獨化的理論體系，並認為其中諸多環節脈絡錯綜而自成體系。〔註1〕但這種理解方式往往很難照顧每個問題之間的關係。另外一種理解方式就是以哲學概念為核心，將郭象的哲學思想把握為一個整體，如湯一介先生在《郭象與魏晉玄學》〔註2〕一書中論述了郭象的哲學體系，認為「有」是郭象哲學體系中最基本的概念，是「唯一的存在」，其存在的根據不在自身之外，而即其自身之「自性」。每一事物依其「自性」而存在，必以「自生」、「無待」、「自然」為條件。事物的存在雖然是「無待」，但如有執著，則為「有待」，故必「無心」（無所執著），方可「無待」。「自然」因物而然，故應「順物」，「常無心而付之自然」。要把「物各有性」（自性）以及事物存在的形式「自生」、「無待」、「自然」等觀點堅持到底，則必有「獨化」一概念。以概念為核心體系化的理解較之以問題為主更具整體性、一貫性。但問題式的把握容易支離，體系化的理解容易僵化，兩種方式各有優缺點。

〔註1〕　參見莊耀郎，郭象玄學〔M〕，臺北：里仁書局，1998。
〔註2〕　湯一介，郭象與魏晉玄學〔M〕，武漢：湖北人民出版社，1983，第291～292頁。

本項研究雖然是以分析哲學概念為主，但在論證的過程中仍然是圍繞問題而展開的，希望一方面克服概念及體系化的固執，另一方面也能避免以問題為中心所表現出的「散漫的整體性」。因此，本文依據哲學論證的內在邏輯，也就是從存在論到方法論再到價值論這樣一個相關的內在體系，展開對郭象《莊子注》中所蘊涵的哲學思想的研究。存在論所要闡釋的就是萬物存在的基礎是什麼的問題；方法論則是闡釋萬物如何由存在的奠基過渡到價值的實現；價值論所要闡釋的則是萬物所最終獲得的存在的意義。這樣理解郭象的思想似乎很外在，因為任何體系化的理解難免掛一漏萬。實際上真正的困境還不止這些，而是體系化的理解本身就是對中國哲學的某種誤讀，但這又是我們這個時代不得已而為之的。筆者只是希望，借用體系化的論證形式，達到對郭象《莊子注》的某種理解。這個體系無非是通往郭象思想的一條路，是諸多路中的一條。如果誰有幸窺得郭象思想的堂奧，任何的路都是多餘的，但讓別人去理解你所看到的郭象，每一條路又是必要的。

時下人們對莊子的解讀似乎很感興趣，無論是在學術界還是在普通人心目當中，莊子作為一代大哲，其聲名要遠超過郭象，但這並不意味著郭象毫不重要。思想於一個時代而言，是無法用聲名的大小來判斷的。一種思想重要與否，不但要看他所達到的理論高度，也要從其現實性上來考量。我們有必要瞭解一下郭象，那位無法置身事外的哲人，如何從有物之域達到現世的安寧。生存的困境只有在生存中才能獲得徹底的解決，而郭象能夠給予我們的，不僅僅是那種現實的處世態度，更是一種敢於面對生存困境的勇氣。從郭象注《莊子》可以知道，在他那個時代，他在修建一條通向莊子的路，他卻把路修成了自己的風景。在這個時代，我們也在修一條通往郭象的路，雖然不希求能修成屬於自己的風景，但這種努力意在說明郭象的哲學思想於我們今天的時代而言仍然具有重大意義。

第一章　郭象《莊子序》及《莊子注》

　　自漢代罷黜百家獨尊儒術之後，儒家名教作爲主流的價值體系既具有維護社會秩序的作用，同時又深入人心，自君王以至百姓皆可依之安身立命。如劉師培所言：「兩漢之時，學者迷信經術，以爲致君澤民之道悉寓於六經之中。自董仲舒劉向以來，兩漢三公多以經生任其職，舉事發言篤守師法，不屑罔道以殉人，雖解經之詞多神秘之說，然篤信固執安習不移，致畏天敬民之思想普及於民心。」〔註1〕但東漢末期延至魏晉之世，篡奪與戰亂頻起，社會的動盪使儒家名教在經世致用層面上日顯式微，「魏武好法術而天下尚刑名，魏文慕通達而天下賤守節」（《資治通鑒·晉紀》），從曹操彰明唯才是舉，到曹丕崇尚通達，儒學名教作爲社會風尚和價值支撐的功用也隨之衰弱。於是，士人爲全生避禍而倡清談、尚老莊，後衍爲棄禮法、崇放達之風氣。如周積明在《論魏晉南北朝文化特質》中說：「這一時期文化特徵是以經學獨尊爲內核的文化模式崩解，生動活潑的文化多元發展取而代之，而貫穿其中的一個共同主題是對超越具體事物的形而上之自在本體的追求。」〔註2〕

　　當時的人們在批判反省舊的價值體系同時，更加迫切需要蘊養、構建新的生命支點，於是將目光轉向《周易》、《老子》、《莊子》這三部典籍（史稱「三玄」）。在魏晉初期，《周易》成爲人們關注的最重要典籍，一方面它被奉爲儒家的經典，另一方面它所探討的問題和道家的思想有著諸多相近之處，

〔註1〕　劉師培，論古今學風變遷與政俗之關係〔A〕，魏晉玄學研究〔C〕，武漢：湖北教育出版社，2008年，第73頁。
〔註2〕　周積明，論魏晉南北朝文化特質〔J〕，江漢論壇，1989年，（1）。

所以成為聯結儒家和道家的一個橋梁。正如湯用彤先生所言:「其實『魏晉玄學』早期所推重的書,又何嘗不是《周易》呢?因為那時《周易》是『正經』,《老》、《莊》才不過是諸子罷了。」〔註3〕可見,魏晉玄學的興起並不是以直接拋棄傳統儒家名教為旨趣,而是努力融合儒家與道家、名教與自然。而於老莊學的興盛,向秀、郭象注《莊子》在理論上做出了重要的貢獻。據《晉書·向秀傳》載,正是由於向秀注《莊子》「發明奇趣,振起玄風」,進而「郭象又述而廣之」,才使得「儒墨之迹見鄙,道家之言遂盛焉」。可見,《莊子注》無論是對莊學而言,還是對魏晉玄學而言都具有重大意義。

郭象《莊子注》是魏晉玄學中一個不可或缺的理論環節。從夏侯太初、何平叔、王輔嗣等正始名士(204年~249年),經過阮嗣宗、嵇叔夜、山巨源、向子期、劉伯倫、阮仲容、王濬仲等竹林名士(254年~262年),到郭象生活的時代,魏晉玄學已經作了足夠的理論準備。作為魏晉玄學奠基者的王弼提出「以無為本」的「貴無論」,「更多地從形而上層面上分析名教沉淪的根源」,是「以完善名教為目標」〔註4〕的,使名教復歸於自然。到了阮籍、嵇康那裡,由於政治鬥爭等複雜原因,他們突出地強調以自然為本的思想,提出「越名教而任自然」的口號,在相當程度上衝擊了名教的規範。當時,樂廣對這種情況提出批評說:「名教內自有樂地,何必乃爾!」裴頠亦「疾世俗尚虛無之理故著崇有二論以折之」。(《世說新語·文學》注引《晉諸公贊》)。郭象《莊子注》不但綜合各家觀點,且能融貫自己的思想,消解「名教」與「自然」之間的衝突,將「名教」與「自然」的問題轉化為如何在人的「性分之內」成就己性的問題。在一定意義上而言,郭象是魏晉玄學的集大成者。

現存《莊子注》的向、郭歸屬問題一直是學界廣泛爭論的問題,本文採用郭象「述而廣之」之說。因為本文是對郭象《莊子注》的研究,所以著墨最多的是對《莊子注》文本自身的研究,希望通過論證化的解讀,揭示《莊子注》的思想內涵,以期為人們尋找到一條理解郭象《莊子注》的進路。《莊子序》是理解郭象《莊子注》非常重要的一個環節,雖然在《莊子序》的作者問題上也存在著諸多的爭論,但都認可:《莊子序》是對《莊子》思想的

〔註 3〕 湯用彤,魏晉玄學論稿〔M〕,上海:上海世紀出版集團,2005 年,第 103 頁。
〔註 4〕 楊國榮,論魏晉價值的重建〔A〕,魏晉玄學研究〔C〕,武漢:湖北教育出版社,2008 年,第 577 頁。

高度概括，也是《莊子注》的提要。《莊子序》中所提到一些概念，在《莊子注》中都可以找到相應的解釋。因此，通過對《莊子序》的解讀，可以從整體上把握郭象的《莊子注》，也為進一步深入理解《莊子注》提供有益的基礎。

對於郭象《莊子注》，筆者擬採取體系化的論證方式，這種論證方式是根據哲學自身的邏輯而展開的，雖然這種體系化的闡解可能有「《莊子注》注我」之嫌，但也是在今天的視域中回歸郭象《莊子注》的一種必要的方法。筆者將分存在論、方法論、價值觀等三個層次對郭象《莊子注》進行梳理，找出其概念之間的關聯以及思想旨趣，考察郭象是如何從有物之域論證出萬物在個體性逍遙基礎上實現整體和諧的，進而對郭象的哲學思想有個基本的概觀。

第一節　郭象生平

郭象字子玄，河南人，西晉時期玄學家。關於郭象的生平，史料中記載不多，可見於《晉書》（唐代房玄齡等監修，以下無特別說明均指此本）卷五十《郭象傳》，另外《晉書》卷四十九《向秀傳》、卷五十《庾敳傳》、卷六十一《荀晞傳》，《世說新語・文學》第十七條及注引、第十九條、第三十二條及注引、第四十六條注引，《世說新語・賞譽》第二十六條及注引、第三十二條及注引中都有涉及郭象的記述。

一、生卒年及里籍推定

關於郭象的生卒年史書記載不詳，學界僅靠現存史料推測而定。郭象的生年，因沒有確切的史料記載，學界基本持兩種說法：一說生於西元 252 年，如馮友蘭先生執此說。此種判定被廣泛沿用。一說生於西元 253 年，如湯一介先生執此說。此外，有學者根據與郭象交往密切的其他高級佐吏的年齡，認為可推定郭象生年在西元 262～269 年之間〔註5〕，這種推定及其方法為我們的進一步研究提供了有很有價值的啟發。關於郭象的卒年，因《晉書・郭象傳》載：「永嘉末病卒」，可推知約卒於西晉懷帝永嘉六年，也就是西元 312

〔註5〕王曉毅，郭象評傳〔M〕，南京：南京大學出版社，2006 年，第 121 頁及附錄《郭象年譜》。

年。也有學者認爲郭象卒年應爲西元 313 年，如莊耀郎先生認爲：「『永嘉』爲懷帝的年號，《晉書‧懷帝紀》記載帝遇弒在七年丁未，即永嘉七年二月（時在西元三一三年），以史傳紀元不長而稱『末年』的習慣，則郭象之卒年可能在此年。」〔註6〕雖然郭象卒年也存爭論，但畢竟有史料可依，上下相距不遠。本文採用通常的說法，權定郭象生於西元 252 年，卒於西元 312 年。

郭象具體生卒年的推定是爲研究和表述之方便，另外亦有助於我們在時代的背景中審視其思想內容的根據和意義。通過前輩學人的考證，可以推知郭象主要生活在西晉（西元 265～316 年）這樣一個相對統一的時代。但形式上的統一，並未阻止頻繁的戰亂。西元 265 年司馬炎代魏稱帝，改國號爲「晉」，至西元 280 年晉滅吳統一全國，結束了漢末以來的割據分裂狀態。不過這短暫的穩定時期僅僅維持了 10 年左右，晉武帝死於西元 290 年，隨後於西元 291 年，爆發了晉宗室間的「八王之亂」，直到西元 306 年方告停息。永嘉五年（西元 311 年），北方匈奴族劉聰派兵攻陷西晉國都洛陽，俘虜了晉懷帝，史稱「永嘉之亂」。西元 313 年，晉愍帝司馬鄴在長安即帝位，西元 316 年長安失守，晉愍帝降服，西晉徹底滅亡。可見這段時期政權更叠，社會動蕩，生死難測，士人的安危更是朝夕之事。士人既要承擔兼濟天下的責任，又要獨善其身，可謂在夾縫中尋找生存的空間，求索希望之光。如與郭象差不多同時代的裴頠（267～300 年）做《崇有論》以框時弊，在朝爲官進退周旋，不過，最終也難免死於趙王司馬倫之手，年僅 34 歲。正是這樣的社會、政治和生命的現實，觸發了郭象對宇宙、社會、人生的思考，郭象並不忙於從現實的混亂中尋找到一個可以安頓形骸或精神的超越世界，而是要從這混亂的現實中找出一個可以使人安居其中的理由。郭象的《莊子注》無疑是面對時代問題和面對經典文本的完美結合。

關於郭象的籍貫有三種說法：其一，河南（郡名，今洛陽）。其二，河內（郡名，今沁陽附近）。其三，潁川（郡名，今登封）。河南說在史料的記載中占多數。如《世說新語‧文學》劉孝標注引《文士傳》：「象字子玄，河南人。」河內說於唐陸德明《經典釋文‧敘錄》記：「象字子玄，河內人。」潁川說見於梁皇侃《論語義疏‧序》：「晉黃門郎潁川郭象字子玄。」因《文士傳》距郭象的時代較近，可信度高一些，並且唐以後諸書對郭象里籍的記載皆傾向於河南說。宋以後刊刻郭象所注《莊子》，皆屬郭象里籍爲河南。

〔註6〕莊耀郎，郭象玄學〔M〕，臺北：里仁書局，1998 年，第 2 頁。

雖然郭象確定的籍貫無法尋找到更多的史料支持，但推測其生於河南似乎更爲可信。魏和西晉都曾定都洛陽，而當時的河南（今洛陽）是政治和文化的中心亦是魏晉玄風暢行之地，生於斯、長於斯、逝於斯的郭象對當時的曠達清談之風應是耳濡目染，對當時的玄學思想自然也近水樓臺，心領之神會之。

關於郭象的出身，史料中並無記載，王曉毅先生認爲：「魏晉人重家世，即使非出身名門，父祖輩曾任縣以上官職，一般也要在其傳記中留下一筆，而各種文獻均未提及其家世，按常規應當屬於平民階層，當時的話語中稱寒人。」〔註7〕西晉時期選拔官員重門第，郭象出身並不顯赫，以「寒人」的身份走入仕途，從另一個側面可以推知其才華必異於常人。

二、著作查考

郭象著述頗豐，可謂儒道兼治。從歷代史籍所載的郭象著述名錄、佚文引注和其他述及情況可觀其大略。

其一，《論語體略》和《論語隱》可見於目錄類書籍記載：

〔唐〕官修《隋書》卷三十二（志第二十七）《經籍一·經》：「論語體略二卷，晉太傅主簿郭象撰。」

〔後晉〕官修《舊唐書》卷四十六（經籍志第二十六）《經籍上·甲部經錄·論語類八》：「論語體略二卷，郭象撰。」

〔宋〕《新唐書》卷五十七（《藝文志》第四十七）：「郭象體略二卷。」

〔宋〕鄭樵《通志》卷六十三《藝文略第一·經類第一》：「論語體略二卷，晉郭象。」

〔宋〕王應麟《玉海》卷四十一《藝文·晉＜論語＞集義、旨序、體略》「郭象體略。」

〔清〕朱彝尊《經義考》卷二百十二《論語》：「郭氏象論語體略隋志二卷，佚。隋志太傅主薄郭象撰論語隱，七錄一卷，佚。」

其他述及情況，南朝梁皇侃的《論語集解義疏·序》指出：「侃今之講，先通何集，若江集中諸人有可採者，亦附耳申之」，其江《集》中的諸人包括「晉黃門黃門郎潁川郭象字子玄」。今見於《論語集解義疏》中引述郭象義的部分共十四處，卷一《爲政》篇九處，卷四《述而》、《泰伯篇》兩處，卷六

〔註7〕王曉毅，郭象評傳〔M〕，南京：南京大學出版社，2006年，第121頁。

《先進》篇一處，卷七《憲問》篇一處，卷八《衛靈公》篇兩處，卷九《陽貨》篇一處。這些引文中的用詞和思想旨趣與《莊子注》幾無二致，可明郭象有自己始終一貫之思想，亦可旁證其《莊子注》並非完全抄襲向秀。也有的學者認為《論語體略》和《論語隱》可能是同一本書，但是從史料的記載上看，二者名稱和卷數皆不相同，為同一本書的可能性並不大。

其二，有關《老子注》記載：

〔唐〕杜光庭《道德眞經廣聖義・序》中記載了漢唐歷代《道德經》詮疏箋注目錄：「此《道德經》自函關所授，累代尊行，哲后明君，鴻儒碩學，詮疏箋注六十餘家」其中包括「河南郭象（字子玄，向秀弟子，魏晉時人）」。

〔宋〕晁公武《郡齋讀書志》卷三上《子部・道家類》：「《三十家注老子》八卷，右唐蜀郡岷山道士張君相，集河上公、嚴遵、王弼、何晏、郭象、鍾會、孫登、羊祐叔子、羅什、盧裕仲儒、劉仁會、顧歡景怡、陶隱居、松靈仙、裴處恩、杜弼、節解、張憑、張嗣、臧玄靜、大孟、小孟、寶略、宋文明、褚糅、劉進喜、蔡子晃、成玄英、車惠弼等注。君相稱三十家，而列其名止二十有九，蓋君相自為一家言，並數之爾。」

另外，王應麟《玉海》和宋元時期馬端臨《文獻通考》也有類似記述。今於《道德眞經注疏》有「郭曰」注文兩條，《道德眞經取善集》中有「郭象曰」注文三條。〔註8〕

從這些記載上看，郭象對於《老子》的學說也相當熟稔，其注《莊子》承道家思想之一脈，雖於發揮中略有歧出，但終是道家的態度。

其三，述及《論稽紹》的史籍有《太平御覽》和《冊府元龜》，二者所引基本一致。

〔宋〕李昉等《太平御覽》卷四百四十五人事部八十六《品藻上》：「王隱《晉書》曰：河南郭象著文稱，稽紹父死在非罪，曾無耿介，貪位死闇主，義不足多。……」

〔宋〕王欽若、楊億等《冊府元龜》卷八百二十七《總錄部・品藻第二》：「郭象，河南人，為東海太傅主簿。象著文稱，稽紹父死在非罪，曾無耿介，貪位死闇主，義不足多。……」

〔註 8〕 參見：金龍秀，郭象莊學之研究〔D〕，北京：北京大學哲學系，2000 年，第25 頁。

其四，《致命由己》可見於唐代李善《文選注》卷五十四。

梁代蕭統編《文選》所收劉孝標《辯命論》曰：「蕭遠論其本而不暢其流，子玄語其流而未詳其本。」李善於文下注曰：「李蕭遠作運命論言治亂在天，故曰論其本；郭子玄作致命由己之論，言吉凶由己，故曰論其流。」今學者們多稱此篇為《致命由己論》，從該條記述語言看，稱作《致命由己》更妥貼些。

其五，《郭象集》僅見於目錄類書記載。

《隋書》卷三十五《經籍四・集》：「晉大傅郭象集二卷。」

《舊唐書》卷四十七《經籍下・丁部集錄》：「郭象集五卷。」

《新唐書》卷六十《藝文四・丁部集錄》：「郭象集五卷。」

《通志》卷六十九《藝文略》：「太傅郭象集五卷。」

其六，《莊子音》史籍著錄有：

《隋書》卷三十四《經籍・子》：「莊子音三卷郭象注。」

《通志》卷六十七《藝文略》：「莊子音……又三卷郭象撰。」

〔唐〕陸德明在《經典釋文》中記：「郭象注三十三卷三十三篇。字子玄，河內人，晉太傅主簿，內篇七，外篇十五，雜篇十一，為音三卷。」這個為音三卷，應該就是後來單獨存在的《莊子音》。

其七，《碑論》十二篇見《晉書》卷五十《郭象傳》：「著碑論十二篇。」也有學者稱該書為《碑論十二篇》。

以上提及的郭象的著作，除《莊子注》尚存外，僅《論語體略》、《老子注》、《論稽紹》等在其他史籍中輯有部分佚文，而《論語隱》、《致命由己》、《郭象集》、《莊子音》和《碑論》十二篇皆佚。雖然於今能見到的完整的郭象著作僅《莊子注》，其權屬亦尚有爭論，但從史籍目錄看和現存佚文引注看，雖注述內容不同，思想卻始終一以貫之。由此，靈性而善辯的郭象在注《莊子》時，想必不會直取他人意思，而全無自家發揮。

三、才性品評

史料中對郭象的才性和品性的評價是雙向的，應該分別從「玄理」和「玄遠」兩方面考證之。從玄理方面而言，郭象能言善辯，《晉書・郭象傳》言其：「少有才理，好《老》、《莊》，能清言」；東晉袁宏的《名士傳》說：「少有才理，慕道好學，託志老莊，時人咸以為王弼之亞」；《世說新語・賞譽》記載王衍評價郭象：「語議如懸河瀉水，注而不竭」，據此及流傳至今的《莊子注》，前輩學

人對其才性之高至亦幾無疑義，這主要是從其作為清談名士和玄學大家而言。從玄遠的意義上看，郭象更重視現實。後人對其品性的評價不盡一致，主要有兩個原因，一是從其出仕為官的情況看。據《晉書‧郭象傳》載，郭象先是「州郡辟召，不就。常閒居，以文論自娛」，然而「後辟司徒掾，稍至黃門侍郎。東海王越引為太傅主簿，甚見親委，遂任職當權，熏灼內外，由是素論去之」。這似乎不符合後世對魏晉名士風度的定位和理解。二是，關於《莊子注》的向、郭歸屬權問題的爭論可謂源遠流長，《世說新語‧文學》記郭象竊向秀《莊子注》：「秀子幼，義遂零落。然猶有別本。郭象者，為人行薄，有俊才。見秀義不傳於世。遂竊以為己注。」另外，《晉書‧郭象傳》亦有類似記載。一部《莊子注》使郭象名垂青史，同時也是這部《莊子注》使後人對其多有鄙薄。可見，郭象能清談，善玄理，但卻不一定具備那時所崇尚的玄遠精神。

值得注意的是，現當代學人不僅力圖從客觀的角度來評價郭象的品格，更嘗試結合品評郭象的史料，來研究其所處時代的歷史政治狀況、士人的心態，以及從其務實之舉反觀其思想理論的旨歸。例如，王曉毅先生通過歷史考證，以客觀的態度還原出身寒門的郭象如何能夠躋身政治舞臺，如何立身行事。另外，有學者指出：「仕與不仕的關鍵在於『直道』而『隨世』，不在於以一種不變的方法去固執不出仕。只有因應時勢變化而選擇時勢的合理需要，才能保持自己的主體的處世態度，……郭象的仕並不是任意的隨時變通行為，而是按照一定的原則對待社會現實與政治」。〔註9〕似乎認為郭象的仕與不仕與其學術思想一致，不過結論並不明確。中國文化向來注重為學與為人、行事的關係，這種研究郭象品性之思路是有意義的，考察郭象自身的出仕及行事的心態、原因和時勢，有助於理解其《莊子注》中所追求的思想旨趣。

郭象雖然出身寒門，但「少有才理」，年輕時候為人賞識卻拒絕州郡的辟召，值曉天命之年卻應闢為司馬越的司空掾。郭象在已能參透人世之年紀而應召，前後如此反差，是不能單用企慕權勢和名利來解釋的。從《莊子注》看，他也一向反對豔羨、跂尚之心，主張「不得已而後起」，或許這正是他應世思想的體現，也唯其如此才是他所理解的通達。至於說他「遂任職當權，熏灼內外」，顯然是有道德評判的味道，倘若屬實，與他《莊子注》的思想也未嘗牴牾，因為郭象所論證的最高價值意義並不是道德範疇的。郭象之才沒人能夠否認，至於品性德行，則只能任由後世評說。

〔註9〕金龍秀，郭象莊學之研究〔D〕，北京：北京大學哲學系，2000年，第21頁。

第二節 《莊子序》

一、《莊子序》眞僞

關於《莊子序》的作者問題，也存在著諸多的爭論。很多學者質疑今本《莊子》序文爲郭象所做。今本《莊子注》序文據記載始於宋代，宋刻本出來後，少有爭議。今人將問題重新提出，解答方法無出二途：一是史料分析；二是內證（將序文內容所闡述的主旨與郭象《莊子注》內容的思想主旨進行對比）的方法。這一研究可依憑的史料雖不多，而對立雙方的觀點都很明確，商榷辯駁得也比較深入。關於這個問題主要存在兩種不同的說法：主僞說和主眞說。王利器、韓國良、王曉毅等諸先生持主僞說；馮友蘭、湯用彤、王叔岷、余敦康、李耀南等諸先生持主眞說，諸位先生從自己學術研究的立場和角度出發，都能拿出相關的證據來證明自己的觀點。如，王曉毅先生通過詳盡的論證，認爲《莊子序》與《莊子注》的作者不是同一人：「《莊子序》的作者不可能同時是《莊子注》的作者，因爲兩者的理論背景不同。在中國思想史上，如同郭象那樣否定一切宇宙本根的徹底的無神論哲學家並不多見，《莊子序》作者的哲學背景中雜有傳統的本原論和遊仙養生內容，可能受南北朝隋唐時期道教影響，難以理解郭象本意，未能陞堂睹奧，因此對郭象哲學微妙處的解釋，咫尺千里，出現了如『內聖』之類硬傷。這恰恰說明，《莊子序》的作者只是《莊子注》的高明讀者，而非作者。」〔註 10〕而余敦康先生指出：「《莊子》郭象序之所以重要，因爲它是郭象傳下來的惟一的一篇完整的玄學論文，是郭象注《莊子》全書的綱領。如果從『內證』著眼，就這篇序文的思想內容、文章風格、名詞術語等方面分析出《莊子注》符合一致，就爲這篇序文確爲郭象所作而非僞作提供了證明。」〔註 11〕

《莊子序》眞僞問題應該是序的作者與注的作者是否一致的問題，這樣提問也更恰當而有意義，所以主眞說基本從這個角度來立論。也有一些學者不論序之眞假，肯定序文與注文的思想一致並且精確的概括了注文。筆者認爲，對《莊子序》非郭象所作的論證沒有充分到令人信服的程度，所以還是贊同其爲郭象所著。即便如馮友蘭先生認爲：「辯論的雙方都有似乎是對方所

〔註 10〕 王曉毅，郭象評傳〔M〕，南京：南京大學出版社，2006 年，第 159～160 頁。

〔註 11〕 余敦康，魏晉玄學史〔M〕，北京：北京大學出版社，2004 年，第 417～418頁。

不能駁倒的證據，相持不下。如果沒有新發現的資料，這個辯論似乎要成爲懸案了」，〔註12〕《莊子序》作爲一篇十分精到的序文，仍然可以肯定該序文對《莊子》及郭象的《莊子注》做了很準確的概括。

二、《莊子序》思想主旨

關於郭象《莊子序》的主旨，湯用彤先生主張落實到「內聖外王之道」；湯一介先生則主張一是「明內聖外王之道」，另一個是論證「上知造物無物，下知有物之自造」；馮友蘭先生的主張與湯用彤基本一致，馮先生不僅指出《莊子序》的主旨爲內聖外王之道，還指出：「『聖』是一種精神境界，有了這種境界的人，就是『聖人』。《莊子序》下文所說的『獨化於玄冥之境』，『涉太虛而遊惚怳之庭矣』，就是這種境界的內容。《莊子序》沒有細講『外王』。郭象認爲，『外王』不過是『內聖』的擴大和引申。……所謂的冥極，就是上面所說的『玄冥之境』，『遊惚怳之庭』，就是『混沌』。『返冥極』的返字很重要，它說明聖人的『混沌』，不是原始的『混沌』，而是後得的『混沌』。」〔註13〕余敦康先生認爲：《莊子序》包含三層意思：「……第二層意思是對莊子思想的概括，實際上是講了郭象自己思想的兩個基本觀念，一個是『上知造物無物，下知有物之自造』的『獨化』的觀念，再一個就是『玄冥之境』的觀念。第三層是講莊子思想的社會作用，實際上是講郭象玄學所發明的『忘形自得』、『去離塵埃而返冥極』的精神境界。」〔註14〕綜上，將郭象《莊子序》的主旨把握爲「內聖外王之道」和「神器獨化於玄冥之境」是有一定的道理的。

《莊子序》言：「然莊生雖未體之，言則至矣。通天地之統，序萬物之性，達死生之變，而明內聖外王之道。上知造物無物，下知有物之自造也。」這段話要表達的思想主要有以下兩個方面：第一，「通天地之統，序萬物之性，達死生之變」是郭象對莊子思想整體的把握；第二，「明內聖外王之道，上知造物無物，下知有物之自造也」是郭象希望通過注《莊子》而要達到的目的。這一目的具體爲：「至仁極乎無親，孝慈終於兼忘，禮樂復乎已能，忠信發乎天光。用其光則其朴自成，是以神器獨化於玄冥之境而源流深長也。」（《莊子

〔註12〕馮友蘭，中國哲學史新編（第四冊）〔M〕，北京：人民出版社，1986 年，第183 頁。

〔註13〕馮友蘭，中國哲學史新編（第四冊）〔M〕，北京：人民出版社，1986 年，第182～183 頁。

〔註14〕余敦康，魏晉玄學史〔M〕，北京：北京大學出版社，2004 年，第418 頁。

序》)所以，從諸位學者的研究以及對原文的分析中可以看出，郭象《莊子序》的確是圍繞「內聖外王」和「玄冥之境」而展開的。並且，「內聖外王之道」最後也要歸結到「神器獨化於玄冥之境」。統觀這篇序，已經明確揭示了《莊子注》中所要實現的「神器獨化於玄冥之境」，並且從兩個方面來實現，一是自身去離塵埃(「凡非眞性，皆塵垢也」)，返冥性分之極；一是由無心而與他物相冥合。從分析郭象「神器獨化於玄冥之境」入手，可以理解整個的郭象《莊子序》所蘊含的哲學思想。

「玄冥」在郭象《莊子注》中是這樣解釋的：「玄冥者，所以名無而非無也」。(《莊子‧大宗師注》)玄冥僅僅是名無而非眞無，所以郭象就是在「有」或「存在」的狀態上講玄冥，而這一點從其《莊子注》中也可以得到印證，如言：「是以涉有物之域，雖復罔兩，未有不獨化於玄冥者也」(《莊子‧齊物論注》)。關於玄冥，在《莊子》中主要有兩處闡述：

> 南伯子葵曰：「子獨惡乎聞之？」曰：「聞諸副墨之子，副墨之子聞諸洛誦之孫，洛誦之孫聞之瞻明，瞻明聞之聶許，聶許聞之需役，需役聞之於謳，於謳聞之玄冥，玄冥聞之參寥，參寥聞之疑始。」
> (《莊子‧大宗師》)

> 且夫知不知論極妙之言，而自適一時之利者，是非坎井之蛙與？彼且方跐黃泉而登大皇，無南無北，奭然四解，淪於不測；無東無西，始於玄冥，反於大通。(《莊子‧秋水》)

在《莊子》中，玄冥主要指一種混沌不分、無知無欲的狀態。在郭象《莊子注》中，單獨提到「玄冥」的地方也僅有四處，除前面提到的兩處之外還有：

> 夫階名以至無者，必得無於名表。故雖玄冥猶未極，而又推寄於參寥，亦是玄之又玄也。夫自然之理，有積習而成者。蓋階近以至遠，研粗以至精，故乃七重而後及無之名，九重而後疑無是始也。(《莊子‧大宗師注》)

> 問爲天下，則非起於大初，止於玄冥也。任人之自爲。(《莊子‧應帝王注》)

在郭象《莊子注》其餘的地方，則是以「玄冥之境」稱。從原文中可以看出，如果說莊子的玄冥還有「玄之又玄」的意謂，則郭象的玄冥則講的是有物之域的狀態，並不具神秘的色彩，從整個《莊子注》看，其對神秘的、人之外

的東西都是持否定態度的。玄冥之境，必是一理想之狀態，是每一個體相因而在的「和境」。但這裡的「境」，並沒有更多超越的「境界」的含義，而是與郭象常用的「場」，「域」相關，因而玄冥之境就是個體玄同彼我的「和」的存在狀態，如郭象言：「彼我相因，形景俱生，雖復玄合，而非待也」(《莊子‧齊物論注》)。這一「玄冥之境」同時也是郭象所理解的逍遙義。但理想之為理想不僅在於其是否美好，還在於其能否實現。所以，最重要的是郭象如何由注《莊子》使「玄冥之境」作為現實個體的人之真實逍遙、自由而實現出來，而這正是本項研究所要闡述的主要內容。

通過對《莊子序》的理解，筆者認為其思想主旨在於：「神器獨化於玄冥之境」。這一主旨既不能歸結為本體問題也不能歸結為境界問題，應該將其把握為「存在問題」。「神器」作為萬物以其所在為本，因此《莊子序》言「夫莊子者，可謂知本矣」。但僅僅知本是不夠的，萬物還需要通過自己的存在才能成就自身。所以問題不在於「是否知」而在於「如何在」。郭象言「夫應而非會，則雖當無用；言非物事，則雖高不行」，在「如何在」的問題上，郭象認為需要「無心」，而無心任獨化則是萬物在其性分之內獲得自身存在的一個方法和途徑，故有「與化為體，流萬代而冥物，豈曾設對獨邁而遊談乎方外哉！」所要達到的就是「玄冥之境」。因此，這個「玄冥之境」即不是「精神境界」也不是「心靈境界」而是萬物存在的「和諧」狀態。也正是基於這個原因，筆者把郭象《莊子注》的內容把握為存在論、方法論、價值觀三個層次的思想體系，而《莊子序》的思想主旨恰恰是對這個體系的高度概括。

三、《莊子序》與《莊子注》

郭象《莊子序》提出了《莊子注》中的一些重要概念，概括性地總結了《莊子注》的主要思想。如馮友蘭先生所說：「任何人講《莊子》，都是他所理解的《莊子》。所以事實上郭象的《莊子序》，也就是他的《莊子注序》。」〔註15〕《莊子》一書，其言汪洋恣肆，其意玄妙高至，郭象注文隨之流轉，要覽其大略，窺其堂奧，實是難事，大概是為免除晚輩後生妄猜臆度，郭象是以作《莊子序》，引領我們走入《莊子》，走入他的《莊子注》。關於《莊子序》與《莊子注》的思想關聯，前輩學者們主要有以下幾種看法：

〔註15〕馮友蘭，中國哲學史新編（第四冊）〔M〕，北京：人民出版社，1986 年，第181 頁。

　　湯用彤先生認為：「《莊子》郭注序文，是否亦曾竊向之文不可知，但其旨似不相違。……郭序曰，《莊子》之書『明內聖外王之道』。向、郭之所以尊孔抑莊者，蓋由於此。內聖外王之義，郭注論之詳矣。」〔註16〕湯一介先生認為：「今本郭象《莊子注》的基本思想，在《莊子注序》中，對它作了明確而精確的概括。儘管目前對此序是否為郭象所作尚存在著爭論，但它概括地說出了這部注的基本思想，大概是不會有異議的。序中說這部注包含兩個重要思想，一是『明內聖外王之道』；另一個是論證『上知造物無物，下知有物之自造』。前者代表郭象對社會問題的總看法，或者說是解決『自然』和『名教』關係的總命題；後者代表他對整個宇宙的總看法，或者說是解決『無』和『有』關係的根本思想。通觀《莊子注》，它們也圍繞著這兩個觀點展開。」〔註17〕王叔岷先生認為《莊子序》準確地反映了《莊子注》的思想：「序中『上知造物無物，下知有物之自造』二語，實為全書（指《莊子注》）綱領。」〔註18〕

　　雖然前輩學者對郭象《莊子序》和《莊子注》內在關係說法不一，但有一點是值得肯定的，就是二者存在著密切的關聯，《莊子序》在內容上是對《莊子》一書的提要，實際上也是對《莊子注》一書的提要。因此可以說，通過揭示二者的內在關聯，有助於進一步釐清《莊子注》的思想內涵。《莊子序》言：

> 夫莊子者，可謂知本矣，故未始藏其狂言，言雖無會而獨應者也。
> 夫應而非會，則雖當無用；言非物事，則雖高不行；與夫寂然不動，
> 不得已而後起者，固有間矣，斯可謂知無心者也。夫心無為，則隨
> 感而應，應隨其時，言唯謹而。故與化為體，流萬代而冥物，豈曾
> 設對獨邁而遊談乎方外哉！此其所以不經而為百家之冠也。

　　在《莊子序》中，郭象認為莊子是「知本」的，而「本」在郭象《莊子注》中有三方面的涵義：一是本體之本、本根之本。他說「所在皆本」，用以說明存在之根據，或者說生成之源；二是，本性、本分之本，用以解釋存在之方式；三是，「本於天」，從社會和人生的角度言價值意義上的本。郭象言莊子「可謂知本」，是說莊子在「知」的意義上，對「本」是有所瞭解的，因

〔註16〕湯用彤，魏晉玄學論稿〔M〕，上海：上海世紀出版集團，2005年，第86頁。
〔註17〕湯一介，郭象與魏晉玄學〔M〕，武漢：湖北人民出版社，1983年，第155頁。
〔註18〕王叔岷，郭象莊子注校記〔M〕，臺北：中央研究院歷史語言研究所，1993年，自序。

此莊子希望用「言」的方式把「本」表達出來，故莊子「未始藏其狂言」，《莊子注》中認為莊子的狂言也就是至言。

　　郭象在《莊子注》中言：「物來則應，應而不藏，故功隨物去。」（《莊子·天下注》）「藏」在這裡是隱瞞、掩蓋的意思。「未始藏其狂言」就是說莊子以「言」的方式求「本」，郭象在《莊子注》中言：「明夫至道非言之所得也，唯在乎自得耳」（《莊子·知北遊注》），顯然他認為「言」並不能達「本」，所以說莊子「言雖無會」或者「應而非會」。「應」和「會」是兩種不同的「言」與「本」的關係，「應」講的是表面上的契合、隨順；而「會」則是內在性的「一體」。在郭象看來，莊子之「言」「雖當無用」、「雖高不行」，因此，郭象想要達到乃是「言」與「本」之「會」，只能「寂然不動，不得已而後起」。《莊子·則陽注》曰：「仲尼曰：『天下何思何慮，慮已盡矣！』若有纖芥之慮，豈得寂然不動，應感無窮，以輔萬物之自然也！」可見，郭象反對以「言」應「本」，而是要「會」和「體」本。

　　《莊子·人間世注》對「不得已」作以解釋：「不得已者，理之必然者也，體至一之宅而會乎必然之符者也。理盡於斯。」所以說，不得已而後起才能真會乎理，體至一。郭象較比莊子，進一步把「本」的問題把握為「行」的問題而不是「言」的問題。但這個「行」不是有為而是無為，是無心而為。無心而為就是「心無為」，因此才能「與化為體」，這樣就不需要「遊談乎方外」，偏執於方內和方外的區別。郭象《莊子注》中特別注重「適性」、「無心」、「與化為體」，將之理解為萬物的存在方式，通過這種存在方式，萬物能達到「玄冥之境」的存在狀態。《莊子序》又言：

> 然莊生雖未體之，言則至矣。通天地之統，序萬物之性，達死生之變，而明內聖外王之道，上知造物無物，下知有物之自造也。其言宏綽，其旨玄妙。至至之道，融微旨雅；泰然遣放，放而不教。故曰不知義之所適，倡狂妄行而蹈其大方。含哺而熙乎澹泊，鼓腹而遊乎混芒。至仁極乎無親，孝慈終于謙忘，禮樂復乎已能，忠信發乎天光。用其光則其樸自成，是以神器獨化於玄冥之境而源流深長也。

　　郭象認為莊子雖然並未體會到「適性」、「無心」、「與化為體」之玄妙，但在「言」上是「至」的。因此郭象將莊子之「言」概括為：「通天地之統，序萬物之性，達死生之變，而明內聖外王之道，上知造物無物，下知有物之自造也。」在郭象《莊子注》中，「上知造物無物，下知有物之自造也」是對

有物之域的奠基，是講萬物以「自生」、「自造」爲存在的基礎；「通天地之統，序萬物之性，達死生之變」是對有物之域的把握，是講「物各有性」、「性各有極」，各在自己的性分之內與化爲體的存在方式；「明內聖外王之道」是對有物之域的「人化」、「社會化」的理解，是講「天人一體」、「和合而生」。「內聖」與「外王」、「自然」與「名教」都在「神器獨化於玄冥之境」中達到和諧一致。因此，《莊子序》說莊子「其言宏綽，其旨玄妙。」《莊子序》再言：

> 故其長波之所蕩，高風之所扇，暢乎物宜，適乎民願。宏其鄙，解其懸，瀝落之功未加，而矜誇所以散。故觀其書，超然自以爲已當，經崑崙，涉太虛，而遊惚怳之庭矣。雖復貪婪之人，進躁之士，暫而攬其餘芳，味其溢流，彷彿其音影，尤足曠然有忘形自得之懷，況探其遠情而玩永年者乎！遂綿邈清遐，去離塵埃，而返冥極者也。

郭象認爲莊子之旨「玄妙」，所以觀其書，無論是「暫而攬其餘芳」還是「探其遠情而玩永年」都能獲益良多，郭象一方面在強調《莊子》一書對人的重要意義，另一方面也說明「解莊」的重要價值。從《莊子序》中可以看出，郭象雖然是以簡練的語言概括《莊子》的主旨和意義，但同時也是爲自己的《莊子注》作了一篇很好的序，《莊子序》不但是我們理解《莊子》的重要文獻，也是我們理解郭象《莊子注》的不可或缺的寶貴資料。通過對《莊子序》思想主旨的揭示，有助於我們進一步理解和闡發郭象《莊子注》中所蘊涵的深刻思想，也正是在這個意義上說，郭象的《莊子序》就是他的《莊子注序》。

第三節 《莊子注》

一、著者疑案

關於今本《莊子注》的著作權歸屬問題，在《世說新語》中就有所提及，唐修《晉書》關於這個問題也有兩種說法，至今仍有很多學者都對此進行考辨，尚未達成一致的結論。關於這個問題的爭論長期以來存在兩種傾向：郭象竊向秀注和郭象在向秀注的基礎上「述而廣之」。前人多是懷疑，都未提出絕對有力的證據，近人關於此問題的研究又不斷推進，而且似乎成了研究《莊子注》不能繞開的一個環節。本文因著重於《莊子注》思想內容的理解，著作權歸屬的問題雖然重要，但不影響我們對《莊子注》思想的解讀。

關於今本《莊子注》的作者問題，大致可以歸結爲五種說法：一是「述而廣之」說，湯用彤、龐樸、劉盼遂、王叔岷、湯一介、許抗生、王曉毅等諸位先生持此說。《晉書‧向秀傳》言：「莊周著內外數十篇，歷世才士雖有觀者，莫適論其旨統也。秀乃爲之隱解，發明奇趣，振起玄風，讀之者超然心悟，莫不自足一世也。惠帝之世，郭象又述而廣之，儒墨之迹見鄙，道家之言遂盛焉。」總的來說，此說認爲現存《莊子注》是郭象所作，但是不否認其受向秀注莊思想的影響，承認郭注和向注並存；二是「剽竊」說，錢穆、牟宗三、侯外廬等諸位先生持此說，此說以《晉書‧郭象傳》爲依據：「先是注莊子者數十家，莫能究其旨統。向秀於舊注外而爲解義，妙演奇致，大暢玄風，惟《秋水》、《至樂》二篇未竟而秀卒。秀子幼，其義零落，然頗有別本遷流。象爲人行薄，以秀義不傳於世，遂竊爲己注，乃自注《秋水》、《至樂》二篇，又易《馬蹄》一篇，其餘眾篇或點定文句而已。其後秀義別本出，故今有向、郭二莊，其義一也」。如上文所及，《晉書‧郭象傳》所載語句上與《世說新語‧文學》十分接近，所以多數學者認爲《晉書》的編撰者是直接沿襲之。兩條不能算作互相印證的關係，只能算作一條證據；三是集注說，馮友蘭先生、張岱年先生持此說。這種說法總的來說與述而廣之說接近，只是認爲郭象更直接的引用了向注，引用而非抄襲，則屬於正常的行爲；四是取消問題說，認爲至於其究竟是向秀所作抑或郭象所作，暫時不予考究。代表人物孫叔平先生；五是王葆玹先生的唐編說，認爲今本《莊子注》係郭象著作，但這是經過唐人編輯整理後的著作，其中已混有向秀注莊的文字了。

以上諸種說法都各有道理，而且在考證上都有自己的根據，因爲典籍留存的問題，現今沒有可以查考的完整的向秀注本，單從一些典籍中的零星記載看很難給這段公案下一個確鑿的定論。不過，從現有資料推論來看，筆者還是贊成「述而廣之」說。理由如下：一是，曾有郭象和向秀兩種版本《莊子注》存在，《隋書》和《經典釋文》同時記錄兩種版本，二者卷數卻不相同。至於唐編《晉書‧郭象傳》云二者「其義一也」，可理解爲大體意旨一致。二人在相近的年代，注釋同一本經典，而且二人有相似的人生際遇，都是少年時好清談，泰然遣放，而在人生的最後十年左右出仕，是巧合，更是二人性格志趣上的接近，由此他們在注釋《莊子》時，思想有會通之處並不奇怪。況且郭注無疑是在向注基礎上發展而來的，那麼「其義一也」的說法可以理解。二是，從散佚的向注文本看，向注與郭注在篇章和義旨上有相近，也有

差異之處。三是，從上文對郭象的才性評述及其著作看，郭象少即有才理，好老莊，能清言，善論辯，是有能力和願望對向注述而廣之的，而不至於完全竊其成文。四是，同是《晉書》，《郭象傳》與《向秀傳》說法不一致，但並非就是自相矛盾，說郭象「乃自注《秋水》、《至樂》二篇，又易《馬蹄》一篇，其餘眾篇或點定文句而已」恰印證了述而廣之說，郭注不是單獨的作品，是在向注基礎上的創作。因而，說郭注是在向注基礎上發展而來，「述而廣之」較為信實。

如僅就思想而言，則可以學《莊子‧齊物論注》中的說法：「鵬鯤之實，吾所未詳也。夫莊子之大意，在乎逍遙遊放，無為而自得，故極小大之致，以明性分之適。達觀之士，宜要其會歸而遺其所寄，不足事事曲與生說。自不害其弘旨，皆可略知耳」。關於《莊子注》作者的問題，如果不害弘旨，可以存疑。

二、版本源流

據《隋書‧經籍志》記載，「《莊子》三十卷目一卷。晉太傅主簿郭象注，梁《七錄》三十三卷。」郭象《莊子注》在南北朝梁朝時是三十三卷，到了唐朝編《隋書》則記為三十卷。可見，從南北朝到隋唐這麼短的時間內，郭象的《莊子注》版本也不一樣。現存的郭象《莊子注》，從晉代成書至今更是版本繁多，有必要做個梳理。郭象《莊子注》可大致分為四個相對獨立的傳承系統：「第一，『郭注本系統』，僅有郭象注釋；第二，『郭注纂圖互注本系統』，兼有郭象注釋及插圖注釋；第三，『郭注成疏本系統』，兼有郭象注釋及成玄英疏解；第四，『郭注點評本系統』，兼有郭象注釋及名家點評。四個系統中，『郭注本系統』是為基礎，另三種形態都是由此衍生而來。」〔註19〕

關於郭注本系統，《七錄》、《隋書》、《經典釋文》、《舊唐書‧經籍志》、《新唐書‧藝文志》都有所記述，我們現在可見最早的郭注本系統書籍是宋刊本，分別為：宋刊十行本《南華真經》一部，十卷；宋刊十三行本《分章標題南華真經》一部，十卷；宋刊配補本《南華真經》一部，十卷；宋蜀中安仁趙諫議刊《南華真經》。至明清則有更多版本存世，就不一一累述〔註20〕。而且，上文所提及的四個郭象《莊子注》系統之間也是相互交叉融合，流傳至今。

[註19] 孟慶楠，郭象《莊子注》版本分析〔Z〕。
[註20] 參見孟慶楠的《郭象〈莊子注〉版本分析》（內部資料），其中有詳細的考證。

現在《莊子》通行本，共有三十三篇，分爲「內篇」七，「外篇」十五，「雜篇」十一，根據《漢書·藝文志》記載，《莊子》實爲五十二篇，比現代的通行本多十九篇。陸德明在《經典釋文》中認爲「五十二篇」本是晉代司馬彪和孟氏的注釋本，分爲「內篇」七，「外篇」二十八，「雜篇」十四，「解說」三篇，但這種本子早已亡佚了。在郭象之前注釋《莊子》的本子或者是出於選注或者是出於篇章排列的原因，卷數和篇數不盡相同，直到郭象注本定爲三十三卷三十三篇，而且據陸德明在《經典釋文》中記載，內、外、雜篇的區分和篇數與今天的通行本也是一致的。我們今天看到的《莊子》，無疑是經過郭象理解和取捨過的《莊子》了。

陸德明云：「莊生獨高尚其事，優遊自得，依老氏之旨著書十餘萬言，以逍遙、自然無爲、齊物而已，大抵皆寓言，歸之於理，不可案文責也。然莊生宏才命世，辭趣華深，正言若反，故莫能暢其弘致。後人增足，漸失其眞。故郭子玄雲，『一曲之才，妄竄奇說，若《閼奕》、《意修》之首，《危言》、《遊鳧》、《子胥》之篇，凡諸巧雜，十分有三。』《漢書·藝文志》，《莊子》五十二篇，即司馬彪孟氏所注是也。言多詭誕，或似《山海經》，或類占夢書，故注者以意去取。其內篇眾家並同，自餘或有外而無雜。唯子玄所注，特會莊生之旨，故爲世所貴。徐仙民，李範作音皆依郭本以郭爲主。」(《經典釋文·卷一》)可見，因「子玄所注，特會莊生之旨，故爲世所貴」，所以後世就多以郭本爲「主」，說明郭象《莊子注》在解義方面的重大成就使其所刪定的版本亦被推崇。正如湯一介先生所說：「從現在可以掌握的材料看，郭象的《莊子注》在思想上、理論上確實高於上述諸家的注解。……因此它才能成爲當時最有影響，而且受到後世重視的《莊子注》。」〔註21〕

我們可以從後世對郭象《莊子注》的重視來考察郭象《莊子注》的價值，人們對《莊子》的各種研究，基本上都是在郭象刪定的版本和郭象注的基礎上進行的。在東晉時期，「徐仙民、李弘範作音，皆依郭本，以郭爲主」，陸德明依郭象注本而作《莊子音義》，成玄英亦「依子玄所著三十篇，輒爲疏解」(《莊子疏序》)。宋明以後，郭慶藩的《莊子集解》以及後世諸家治莊學者或以郭象《莊子注》本爲底本，或引郭象注以爲立論依據。無論後世學者是否贊同郭象對《莊子》的注釋，但是郭象所刪定的《莊子》卻被歷代傳承下來，

〔註21〕湯一介，郭象與魏晉玄學〔M〕，武漢：湖北人民出版社，1983年，第176頁。

其他早期版本的消失使得我們無法繞過郭象看《莊子》，這也從另一側面說明郭象《莊子注》的價值及其對後世的深遠影響。

三、思想體系

對郭象思想作哲學體系性的研究首先要歸功於馮友蘭先生，馮先生早在1927年發表的《郭象的哲學》一文中就融入了西方哲學的觀念和思維方式，將《莊子注》當作單獨的哲學著作進行研究。尤其他在晚年定稿的《中國哲學史新編》中，從魏晉玄學邏輯演進的角度將郭象《莊子注》的哲學思想看作玄學發展的第三階段——「無無論」，以此為基礎，以範疇的形式闡述了《莊子注》中的主要問題。另外，湯用彤先生在《魏晉玄學論稿》中將郭象《莊子注》的哲學看作崇有論。湯一介先生《郭象與魏晉玄學》注重對概念、範疇的邏輯發展的分析研究，他在本體觀的層面上對郭象的概念進行分析，建立了「有－自性－自生－獨化」的邏輯體系，主張崇有論的本體論。錢穆先生在《莊老通辨》中對郭象《莊子注》的自然義進行了梳理，算是以問題為主。牟宗三先生《才性與玄理》則從分析老子、莊子到《莊子注》的思想差異和演進入手，將《莊子注》的思想看作是莊子境界形態的進一步展開和發揮。余敦康先生在《魏晉玄學史》中將《莊子注》的哲學體系概括為「獨化論的玄學體系」，實際上以「獨化於玄冥之境」為載體，以和諧為主線來說明《莊子注》所要解決的主要問題是內聖外王之道，或者說自然和名教的問題。余敦康先生把郭象的哲學思想相應地劃分了三個層次：原始的和諧，郭象提出「神器獨化於玄冥之境」這一論題；原始和諧的破壞，出於人性喪失，人們紛紛追求自己性分之外的東西；怎樣復歸於和諧，只能是「無心」。〔註22〕許抗生在《三國兩晉玄佛道簡論》中明確將其體系建構為自生無待——獨化相因——足性逍遙——宏內遊外——名教與自然的合一為歸宿。王葆玹認為郭象的哲學和存在主義很相似。王曉毅《郭象評傳》則從性本論入手，詳細討論了《莊子注》的歷史觀、心性論、政治學說、人生哲學。王曉毅先生認為：「其哲學體系宏大而精緻，但仍可以簡單的語言作大致描述：宇宙沒有生成者或主宰，每個事物的本性是其『自生』『獨化』的依據；人類的本性由無情聖人與有情凡人兩大類型構成；前者的特點是無條件適應後者，後者則以適合自己的『性分』（個性差異）為最高生命境界。因此

〔註22〕余敦康，魏晉玄學史〔M〕，北京：北京大學出版社，2004年，第359～381頁。

聖人與凡人的逍遙，沒有質量的差別；聖人政治的本質，則是臣民的自治。」
〔註23〕康中乾在《有無之辯》中，引用存在主義和現象學的觀念和方法集中討論了獨化本體論。黃聖平的《郭象玄學研究》則以性本論為入口，以本性觀、神器觀等形式對《莊子注》的思想內容進行了體系性理解。王江松在《郭象的個體主義本體論》〔註24〕中則提出個體主義本體論，認為郭象的本體論是由獨有論、自性論、獨化論、相因論和玄冥論構成的完整的個體主義哲學體系。蒙培元先生在《郭象的「玄冥之境」說》中認為，玄學家的本體論，都不是討論自然界或客觀世界的存在問題，而是解決人的生命存在以及精神生活的問題。因此，本體問題同心靈境界問題是緊密聯繫在一起的。蒙培元先生借用存在主義關於存在論的說法來理解郭象的哲學思想。他認為，郭象思想的獨特之處就在於他用「獨化」取消了玄學的本體論，相對於其他的玄學家而言，郭象建立起來的是存在論。

　　前面我們談過，對郭象《莊子注》的把握大體可分為兩種：以問題為主和以概念為核心。二者都是要把郭象《莊子注》把握為一個完整的體系。實際上，中國哲學思想的體系性不是體現在概念之間的相互規定上，而是不同的概念為著同一個目的，從多個層次和角度進行闡釋。在郭象《莊子注》中，很多概念之間的意義都是可以通用的，問題不在於這些概念之間的邏輯關係是什麼，而在於運用這些概念的時候所要闡明的問題是什麼，這也就是郭象在《莊子注》中所說的「故每寄言以出意」。本項研究採用以概念為核心的體系化論證方式，但仍以問題的闡釋為主線。郭象哲學中各個概念之間，缺乏明確的邏輯上的先後，難以看出必然的聯繫，但是對這些概念的澄清和梳理又是十分必要的。為了論證的方便，筆者做了一些劃分和區別，這些劃分和區別僅僅是為了使論證更加清楚，使郭象所要解決的問題更加明確。

　　郭象在《莊子注》中首先要破除的就是對萬物的宇宙生成論解釋，這也是他在《莊子序》中所闡明的「造物無物」。這樣就把哲學的探討從超越的存在，轉向了「有物之自造」。在這個前提之下，他就必須給出物各自造的根據。所以他用「自生」來說明這種根據，並以自生為基礎言萬物之「性」。郭象認為「物各有性」、「性各有極」。「性」是一種先天性的獲得，是不需要論證和懷疑的。而且「性」也是沒有內容的，郭象言「真性」，不是說「性」有個統

〔註23〕王曉毅，郭象評傳〔M〕，南京：南京大學出版社，2006年，第235頁。
〔註24〕王江松，郭象個體主義的本體論〔J〕，中國哲學史，2000年，（3）。

一的眞實的內容，而是在「物各有性」的意義上萬物之「性」各有其「眞」，重要的不在於這個「眞」的內容是什麼，而在於不要失去這個「眞」，這就是郭象言的「得性」。也就是說郭象眞正關注的是萬物如何獲得這個「性」。最簡單的方法就是適性，而適性需要無心，無心才能與化爲體，與化爲體才能與「己之性」合一，這就是得性。

　　郭象在否定現存世界背後存在著超越的根據之後，把思考的立足點轉到萬物之「性分」，性分是萬物先天的自然而「得」。但是，並不是萬物在性分之內都會保持這種「自然」性，所以就要順性、適性而爲，而順性、適性的標準就是「宜」、「正」、「當」，最後達到「得性」之「足」、「全」。在性分之內，萬物做到順性、適性是很容易的，可人是有情、有欲的存在，要做到順、適就很困難，所以郭象提出一個非常重要的概念，那就是「無心」。所謂的無心，也就是無執，不以心逆性，不以己制人，無心與適性是相互依存的環節。郭象進一步探討了知、言、名等「有爲」對心的影響，以及心的有爲與無爲之間的關係。一旦人能達到無心，無論是人還是萬物都可以實現自化。因此，無心不但成就人自身之性，也使物性不受干擾，這樣現實萬物才會達到「與化爲體」，在生生不息的「化」中成就自身。

　　郭象言適性、無心、與化爲體，其目的並不是對現實世界做出一個說明或者認識，實際上他是爲人尋找安身立命之本。人需要爲自己的存在尋求某種解釋，每個時代都把這種相對的解釋當作一種絕對的價值來追求。因此，相對於郭象而言，最重要的就是建立適合他的時代需要的價值觀。在時代性問題上，魏晉時期社會動蕩、戰亂頻仍，生和死的衝突，個人的生命和價值在社會的巨變中被凸現出來。在理論問題上，玄學家們各言其是，郭象通過注釋《莊子》，對人的生存困境做出了自己的解答。筆者把郭象對生存困境的理解概括爲天人之際的問題。天人之際是中國哲學核心問題之一，只是這個問題在郭象那裡獲得了新的意義。社會的動蕩以及人生命運的無常使一方面人們想逃到虛無的精神世界裏尋求解脫，另一方面又容易使人陷入自我放縱、及時享樂的態度，讓人生的意義變得虛無縹緲。郭象作爲這個時代的一員，無法從這種過度虛無或者過度現實的世界中完全超脫出來，只不過他不認爲人生非此即彼。所以，他拋棄了那種外在的「天」作爲人的存在的根據的想法，進而把人存在的根據轉向人的自身。在以往被看作是本體的「道」，在郭象這裡不過是人自身存在的一個法則，就是自然而然；那些在一些人看

來是外在於人的「仁義」，在郭象看來不過是人之內在情性；那些在一些人看來是外在於人的放達，在郭象看來無非是人之順物。所以，郭象將「天」內在化成人的「天然」、「自然」，這樣「內聖」與「外王」，「名教」與「自然」、「天」和「人」的問題，便都轉化成人的內在性存在問題，轉化為人如何成就自己之性的問題。

　　關於郭象《莊子注》的思想體系，上面只是一些簡短的說明。需要說明的是以體系化的方式理解郭象《莊子注》存在著諸多的問題，但這種方式對釐清郭象《莊子注》的思想還是必要的。而且，這個體系的建構也不是任意的，而是按照哲學論證所必須的邏輯建構起來的。筆者希望通過這種體系化、論證式的研究，為理解郭象《莊子注》提供一些有益的幫助。

第二章　有物之域

　　郭象《莊子注》關注的不是形上本體，而是人的安身立命之本，是為人生的意義尋找根據。「如果把迄今為止的哲學任務歸結為為科學奠基、為人生立命，是不過分的。前一個任務是為科學辯護，後一個任務則是為人生的意義進行辯護。」〔註1〕「安身立命之本」的任務就是為人生的意義進行辯護，但「安身立命」是需要「本」來奠基的。郭象在《莊子注》中關於本體問題探討得很少，但這個奠基工作並沒有被忽視，郭象言萬物自生，「物各有性」、「性各有極」，把現實人生的根據轉向有物之域，通過探討萬物的存在基礎、存在方式和存在狀態，力圖在有物之域尋求人的「安身立命之本」。

　　在哲學意義上而言，尋求最終的根據是哲學的分內之事。魏晉時期對本末有無問題的關注，成為那個時代的一個特色。有和無都是解釋現實生命得以存在的抽象根據，但對人存在的解釋代替不了人的存在，因而無論是「崇有」還是「貴無」，對有、無的理解都要從形上意義的探討下落到現實的社會人生。在郭象看來，相對於現實的生命，有、無僅僅是一個名，這個最抽象的名也可以「強字之曰道」。郭象在《莊子注》中言「道」的地方並不是很多，而且《莊子注》中的「道」和老莊所言的「道」有一定的差別。老莊所言的「道」更具本體的內涵，不但是萬物產生的根據，也是萬物存在的根據。而在郭象《莊子注》中，「道」和「理」經常並用，從道理的意義上來言的「道」，僅僅是萬物成就自身存在的法則，是抽象化的名，是人生之理。在郭象《莊子注》中也提及「本」的問題，但這個「本」已經不是本體之本，而多是指

〔註1〕王天成，直覺與邏輯〔M〕，長春：長春出版社，2000年，第1頁。

人生價值根據之本。郭象《莊子注》中的「本」主要有三個方面的涵義：本體、本根之本；本性之本；價值根據之本。本體、本根之本是萬物所從出和歸處的超越性根據，郭象在《莊子注》中否定本、根的存在；郭象承認本性之本，但並沒有從認識的角度給出本性的具體內容，本性之本標識的僅僅是萬物各有其本性，需要在萬物在存在過程當中去成就；而成就所因循的價值根據之本就是本乎天（自然）。在郭象《莊子注》中，其「安身立命之本」並不是超越性的本體，而是通過萬物本性之獲得而得以成就的。

郭象對形上之本體採取否定的態度，認為萬物在存在過程中就可以確證自身的價值，不需要外資於「有」、「無」、「道」。之所以如此，主要是因為其立論的基礎和旨趣已經發生變化。郭象不再尋找一種超越性的存在作為現實的存在的統一性解釋，其更關注的是萬物的存在。萬物的存在本身就是最高價值，至於超越於萬物存在之外或之前的所謂的本體，在郭象這裡是需要被排斥掉的。

郭象立足於有物之域，認為萬物無所待才能是其所是。有物之域實際就是講萬物之為存在的基礎就是自身，在萬物之外並沒有一個宇宙論的發生機制也沒有一個作為本體的根據支撐。郭象破除以前的宇宙生成論，提出「造物無物」。在郭象之前，很多人也力圖弱化萬物存在根據的意志性和主宰性，但又通常把這個問題轉向道、有、無之論，去除神秘化的同時把存在根據本體化、抽象化了，不如郭象來得徹底。如有學者指出：「玄學提出了一種新的宇宙本體之學。漢代的宇宙論學說主要講的是宇宙的生成、宇宙的演化過程和宇宙的構造的問題。從現在看來，這些問題可以說是屬於天體物理學的具體科學問題。而魏晉玄學探求的是宇宙存在的根據，要透過宇宙萬有的現象，直探其本性、本體，從而提出了一個以討論本末有無問題為中心的哲學學說。」〔註 2〕郭象直接言「造物無物」，不但否定了時間關係上萬物之前的造物主，也否定了邏輯意義上萬物之外的造物主──道或有、無。那麼萬物從何而來，根據是什麼呢？在郭象看來，萬物之為存在完全是自生，就是不假借他物而生，也叫「塊然自生」。郭象言：「物之生也，莫不塊然而自生」。（《莊子・齊物論注》）萬物自生，因而是「自爾」，「自生」、「自爾」就是「自然」。這裡的自然不是實體性的自然界，也不是規律性的自然規律，而僅僅是自己如此，肯定有物之域中個體存在的根據就是其自身。

〔註 2〕許抗生等，魏晉玄學史〔M〕，西安：陝西師範大學出版社，1989 年，第 3 頁。

萬物何以能自己如此？在《莊子注》中，郭象提出「物各有性」、「性各有極」的「性分」觀點。「物各有性」對每一個體做了基本的規定，就是各有「本性」。也就是說萬物的存在在「本性」上而言各不相同。如果沒有「本性」，萬物的存在就成爲一個空洞的形式，「物」與「物」之間就無法進行區分。但是，郭象《莊子注》中的「物各有性」之「性」又沒有統一的內容，或者說這一「本性」僅僅代表了物與物之間的分際。郭象雖然沒有言萬物之性的統一性，但個體存在卻有得性和失性的問題。個體得性則萬物相因而「和」；而失性之個體不但無法成就其自身的存在，還會妨礙他者存在的實現，而失萬物之「和」。所以，萬物之性就是每個物自身之「命」，只有安於命萬物才不至於失性，性命一體是萬物作爲存在的自然狀態。但是在有物之域，很多存在之物無法自然而然地存在，都以自己的「性命」爲「是」而以他物的「性命」爲「非」，所以郭象進一步的任務就是通過「齊是非」而達到「齊物」。「齊物」的問題在郭象那裡主要是「齊是非」的問題，「齊是非」並不是要否定物和物之間的差異性，而是反對用同一標準來抹煞個體的獨特性。這樣，齊物就是齊於「不齊」，由此肯定萬物的個體差異性價值。因此，萬物在性命一體的情況下，是以「性分」的方式存在的，性分就是萬物各以自己的差異性而存在。性分有兩個方面的涵義：「物各有性」和「性各有極」。「物各有性」是從萬物自生的角度而言，性是先天獲得的，這是物之際，即個體與個體之間的界限；性各有極是從成性的角度講，郭象言「自盡爲極」，萬物在性分之內成就其極致，實現界限內的無限。

郭象之所以不再關注存在之先在，而關心存在之所在，是因爲他需要的不是對萬物存在的解釋，而是需要在有物之域確證個體存在的價值和意義。本體固然可以爲萬物提供統一性的解釋，但是這個解釋在一定意義上反而會抹煞萬物作爲個體性存在的價值，使萬物的存在偏離自身。所以在郭象這裡「明眾形之自物而後始可與言造物耳」，在有物之域言造物才能「全其性分之內」，使萬物在自己的性分之內完成自己的存在。

第一節　存在的根據

無論是出於現實的需要還是理論的要求，魏晉的知識份子從漢代經學的思想藩籬中掙脫之後，都熱衷於玄遠之學。這樣既可以避免直接觸及現實政

治，又寄望於從根本上改造現實，從而本體的問題得到了深入的探討。一方面是對漢代天人感應論神秘傾向的批判，另一方面是對現實人生和世界的根據問題的認真思考，以爲現實尋求適當的出路。因此，很多學者也把魏晉的社會思潮把握爲玄學，而玄學首要的問題是關於「道」是「有」是「無」的問題，「玄學者有無之學，亦即本末之學，亦即後人謂爲體用之學也」。〔註3〕那麼，作爲玄學大家的郭象如何理解有、無？湯用彤先生認爲：「王弼何晏、嵇康阮籍、張湛道安皆貴無，『無』即本體；向秀郭象均崇有，『有』即本體。雖向郭與王何，一爲崇有，一爲貴無，其實甚接近，都以『體用如一』論之。」〔註4〕這種觀點代表了學界多數人的看法。顯然，我們不能迴避從本體的角度理解郭象的「有」和「無」，但究竟將郭象的思想歸爲「貴無」還是「崇有」，哪一種更爲妥當，抑或有第三種可能，這是需要細緻分疏的。郭象在《莊子注》中否定邏輯先在的本體，否定存在之前之外的統一性，指出萬物都是自生、自造，從這一點看來，抽象的「無」和「有」都不能成爲現實存在的根據。不過，如果從郭象肯定有物之域的萬物之「有」說郭象崇有，也未爲不可，但以萬物爲本，這是從本末的意義上來理解有，不是現在西方哲學範式中的本體意義之「有」。

我們回過頭來看作爲存在的根據——老莊一脈相承的概念——「道」。郭象在《莊子注》中多次提到了「道」，除了在單純解莊意義上使用外，用以表達他自己思想的「道」具有「天道」和「道理」兩層涵義，是對萬物存在法則的指稱。在老子那裡，「道」被看作萬物出處和歸處，還具有本體論和生成論的意義。在莊子那裡，雖然對「道」更多是從「境界」上言之，但沒有完全否定「道」的實體性。在郭象這裡，「道」不是萬物產生的本原，也不是萬物存在之上的統一性根據。

那麼，郭象《莊子注》中所言之「本」是何意義上之本呢？實際上，郭象所尋求的並不是本體意義上的統一性根據，而是存在意義上的存在的基礎。所以「本」在郭象這裡指的不是本體之本而是本性之本、價值根據之本，也就是說「本」是作爲存在的基礎而言的，而萬物的存在是先天性的獲得，所以從存在的基礎上而言，萬物皆以自己的存在爲本。表面上，郭象在說萬物「欻然自生」，並且自古長存，實際是上是說萬物都是以自身的「生之所在」

〔註3〕湯用彤，理學 佛學 玄學〔M〕，北京：北京大學出版社，1991年，第331頁。

〔註4〕同上。

爲本的。因此存在的根據只能從「生」的角度去找，而不能從本體的、解釋的角度去找。郭象認爲萬物各有本性，這個本性可不可以作爲本體呢？還是不可以。因爲在郭象《莊子注》中各有之本性並無內容上的規定，只是在性分上言本性，性不具有統一性，僅僅是在存在的意義上言「有性」。因此，在這個意義上，如果言其是「性本論」還需要考量，其實「性本論」還是著眼於統一性解釋，而不是回歸萬物個體的存在。

　　由此可以看出，郭象言存在的根據不是要尋找統一性解釋，而是要確立萬物之爲存在如何成就自己存在的根據，這個根據就在萬物自生當中獲得，在萬物自造中成就，並通過萬物各成其性而得以完成。

一、有與無

　　關於道家哲學中有、無的內涵長久以來莫衷一是，但歷來都把有、無看作道家哲學中非常重要的概念，從有、無概念的提出及演變，可以窺見道家哲學的理論發展過程及方向。「老子首先提出了『無』作爲根本的範疇，是中國哲學史上的第一座里程碑。……把『沒有』抽象到概念的高度，也作爲認識的『客觀』對待，達到這個的認識水平，只在具有先進文化的民族才有這種可能。『沒有』沒有上陞到概念時，只是一次性的客觀描述。提出了『無』，則是認識的一次飛躍。」〔註5〕同樣，「有」通常也指稱著超越感官的對有形之物的抽象。「中國哲學稱萬物爲『群有』或『眾有』。『有』是一個最大的類名，它的內涵就很難說了。因爲萬物除了它們都『存在』以外，就沒有別的共同性質了。所以這個最高的類，就只能稱爲『有』，這個最高的規定性，就是『沒有規定性』。所以，『有』這個名的內涵也就是沒有規定性。」〔註6〕可見，無論是「有」還是「無」，都是最高意義上的抽象，標誌著中國哲學的思考超越現實世界的限制，上達於形上層次，但是這種形上思考並非出於一種單純的理論興趣，其旨歸仍在於爲社會人生尋找眞正的根據。有、無問題的確是魏晉時期比較關注的問題，而這個問題也構成了魏晉哲學關於本體探討的一個主要部分，對有、無的爭論無非也是爲社會人生的有爲或無爲、有名或無名奠基。

〔註5〕任繼愈，中國哲學史的里程碑——老子的「無」〔A〕，道家文化研究 第十四輯〔C〕，北京：生活 讀書 新知三聯書店，1998 年，第 117～118 頁。
〔註6〕馮友蘭，中國哲學史新編（第四冊）〔M〕，北京：人民出版社，1986 年，第 31 頁。

　　郭象對魏晉玄學所爭論的有、無問題著墨不多，在他看來，無論是「崇有」還是「貴無」，不過是想在現存世界背後尋找根據，實際上這個根據無論是有還是無，作爲根據而言都是對現存世界的否定，或者說是對現存世界抽象化的理解。眞正有意義的乃是現存世界，也就是萬物的存在。因此無論是王弼的「貴無論」還是裴頠的「崇有論」，都是尋求現實存在的超越性的統一性，並以此爲根據來論證現實存在的價值和意義。郭象和他們的思想都不同，直接否定了超越性的有、無，主張從萬物自身獲得存在的價值和意義。正如有學者指出的，「郭象以『有』、『無』爲基本範疇注釋《莊子》，說明他是自覺置身於魏晉哲學鬥爭的。但他既非貴無，也不崇有。王弼以無爲本，裴頠以有爲本，郭象都不同意；他說無不能生有，有也不足以物眾形，世界上的一切都是不知其所以然而自然，他們自己突然產生，獨化玄冥，這是命，也是理。人只應順應現狀，接受現實，無須問其所以然。郭象實際用不可知論折衷有無。反映到現實，就是現存的都是合理的」。〔註7〕

　　可見，郭象的理論任務正是要把「有」、「無」的對立消解掉，或者說不但「遣有」還要「遣無」，如馮友蘭先生說的「無無」，但「無無」不意味就是崇有，「無無」的眞實涵義就是否定任何超越性的存在。當然，很多人說郭象是崇有，是將「有」理解爲「萬有」，即萬物的總和。但郭象從來沒有在統一性的意義上言「萬有」優於或高於每個個體性的存在。恰恰相反，在郭象看來，每個個體性的存在的價值是絕對的，是不能「相無」的。所以，說郭象是「崇有論」並不錯，但郭象追求的並不是以一個抽象的「有」之名來統攝萬物，而是將目光轉向每一個個體性的存在，他所確立的「有」是有物之域，是有物之域中每一個眞實的個體性存在。

　　在郭象那裡，有、無作爲形上層面的概念最高涵義就是認識意義上的本原，郭象否定本原意義上的「有」、「無」，以說明萬物不被任何他力干涉，反對萬物性分之外的任何統一性，將萬物存在的根據交給萬物自身和萬物的實現。郭象這樣處理有無問題，是因爲他看到這種統一性的、本體性的追求存在著巨大的弊端。就形上意義而言，無和有一樣，沒有任何具體的規定性。但「崇有」必然以「有」爲根據，否定任何「無」，「貴無」一定以「無」爲根據，否定「有」，那麼有無之辯反映在人生和社會上，必然會引起「名教」

―――――――――――――――――――

〔註7〕陳來，郭象哲學及其在玄學中的地位〔A〕，魏晉玄學研究〔C〕，武漢：湖北教育出版社，2008年，第571頁。

和「自然」之爭。如湯用彤先生言：「有無之辨在對世務人事方面說，有另一意義。貴無者講『自然』，賤滯於『有』者，以人事世務爲累。崇有者則講『名教』，非『自然』，以人事不可忽略，而其中有一部分人根據『自然』而崇『名教』，是眞正的崇有。」〔註8〕郭象就是那個眞正的崇有者，但他所崇的，絕不是一個抽象的本體性的「有」，而是萬物自身的存在，在社會人生的意義上就是要融合自然與名教之間的矛盾。很多人稱郭象爲崇有論，就是認爲郭象轉向有形世界，也就直接肯定現世的名教秩序，實際上郭象認爲「有」也不是個體應當執持的，而是超越有無的執著。所以說郭象崇有，止於其轉向有物之域這一點上是沒錯的，但從個體依存的價值根據上，不能說是崇有的，而是消解有無的，反對對有無的任何一端的執著。

儘管郭象消解形上層面的有、無，但這不影響在形上層面來探討他的有、無問題，但這種探討不可避免的成爲他如何消解有、無的問題。需要澄清的是，探討郭象的這個消解並不代表由老子開啓的形上層次的有、無問題是沒有意義的。事實上，郭象的有無理論只有經歷了從老子到莊子到王弼這些理論環節才獲得了意義，這是哲學理論發展的內在邏輯。

郭象言：

> 非唯無不得化而爲有也，有亦不得化而爲無矣。是以（無）〔夫〕有之爲物，遂千變萬化，而不得一爲無也。不得一爲無，故自古無未有之時而常存也。（《莊子‧知北遊注》）

> 誰得先物者乎哉？吾以陰陽爲先物，而陰陽者即所謂物耳，誰又先陰陽者乎？吾以自然爲先之，而自然即物之自爾耳；吾以至道爲先之矣，而至道者乃至無也，既以無矣，又奚爲先？然則先物者誰乎哉？而猶有物無已，明物之自然，非有使然也。（《莊子‧知北遊注》）

在郭象看來，萬物不得化爲無，是在化中自古長存。可以看出，「無」在郭象這裡不再有獨立性的解釋意義，只是一種對萬物之爲存在的否定性。郭象言：「無既無矣，則不能生有。」（《莊子‧齊物論注》）同樣，在萬物生成的角度上看，也不存在一個先於「有」的「無」。也就是說，如果不斷地推論在萬物之先是否有一個創生性的存在，這種推論是無窮盡的，所以郭象言「至無」。但是，這種推論又是有窮盡的，因爲有限的疊加絕對不是無限，即使推到至無也不是「純無」。「至無」還是有，所以以一個和自己一樣的東

〔註8〕 湯用彤，理學 佛學 玄學〔M〕，北京：北京大學出版社，1991 年，第 331 頁。

西爲生成的根據是沒有任何解釋價值的，正是在這個意義上而言，郭象認爲萬物都是自然而生，萬物之創生並沒有一個先於萬物的「有」或者「無」。郭象言萬物存在的根據不在於有也不在於無，而是自生。自生是一種存在的先天獲得性，也就是自得，自得是群物各自得，沒有一個「太一」而主之。郭象言：「夫無不能生物，而雲物得以生，乃所以明物生之自得，任其自得，斯可謂德也。」（《莊子‧天地注》）正是在自生的意義上而言，郭象將抽象的有、無都「遣」掉。郭象言：「此所以明有之不能爲有而自有耳，非謂無能爲有也。若無能爲有，何謂無乎！一無有則遂無矣。無者遂無，則有自歟生明矣。」（《莊子‧庚桑楚注》）可以看出，「有無之辨」在郭象這裡不再是一個尋求萬物的「統一性」問題，而轉化爲萬物之自生的存在問題。郭象的這種轉變，也爲其人生意義和價值的論證從外在性到內在性的轉變奠定了基礎。萬物在生生的意義上，永遠也不能爲「無」，只能是在有物之域基礎上的「化」，所以郭象言：「夫有不得變而爲無，故一受成形，則化盡無期也。」（《莊子‧田子方注》）

在郭象這裡，他將本體的問題轉化爲存在的問題，也就是郭象所關注的不是萬物背後的本體究竟是什麼，而是關注萬物是如何存在的。這一哲學目的的轉變，也使有無問題在郭象這裡變成了需要「雙遣」的問題。實際上，郭象所否定的是對萬物的抽象性把握，其關注的是萬物存在本身，郭象將目光轉向萬物之存在，考察萬物存在基礎、存在方式、存在狀態，以及在存在的過程中所遵循的法則。當然，其他魏晉玄學家完成的也是這個任務，只是郭象不再從「解釋」的意義上來完成這個任務，郭象一方面把人們從崇尚「虛無」、「玄遠」的避世觀念中拯救出來，另一方面希望從現實世界中尋求眞正的解脫，希望通過萬物自身的存在去成就其作爲存在的價值和意義。

二、道與理

「化盡無期」的萬物皆不以有、無爲本，那麼是否是以「道」爲本呢？道在老莊那裡具有「本體」的意義。實際上，郭象既然已經將有、無作爲抽象性的存在否定掉了，同時也否定掉了這萬物之上的道。

在郭象看來，道不但沒有創生性的本原性價值，也不能作爲萬物存在的根據。道在郭象這裡固然也有「天道」的意義，但這個天道並不是萬物的根據，而僅僅是從「天然」、「自然」的意義上而言的。道在郭象這裡表達的是

一種「理」，是對萬物的存在以及其存在方式和狀態的一種理論解釋。所以，道並不能成爲萬物存在的根據。郭象言：

> 知道者，知其無能也。無能也則何能生我？我自然而生耳！而四支百體，五藏精神，己不爲而自成矣，又何有意乎生成之後哉！達乎斯理者，必能遣過分之知，遺益生之情，而乘變應權。故不以外傷內，不以物傷己，（而）〔所以〕常全也。(《莊子・秋水注》)

在郭象看來道是無能的，也就是說道並不能成爲萬物「生」的根據，也不能成爲萬物「化」的根據。所以，明白這個道理的人，則不會輕用自己的「知」想要去把握那個「道」。郭象言生就是「自生」，「我」就是「自然而生」的，只有這樣人才能「全」其「生」；郭象言化，就是「自化」，「我」就是「自然而化」的，只有這樣人才能在「化」中保持不失自己的「性」。可以看出，「道」在郭象這裡具有和「理」相同的意味，是萬物作爲存在「自生」、「自化」法則的指稱。同時，講「道」無能，恰說明萬物已生之後，生生之中，任何外力不應干涉其存在。

郭象言道有「天道」、「人道」的意味，也有「治世之道」的意味，但這裡道已經成爲萬物在存在過程中所遵循的「理」。所以，郭象言「道」就是言萬物如何成就自己存在之「理」。郭象言：

> 故天者，萬物之總名也，莫適爲天，誰主役物乎？故物各自生而無所出焉，此天道也。(《莊子・齊物論注》)

> 聖人之道，即用百姓之心耳。此乃聖王之道，非夫人道也。(《莊子・天地注》)

在天道、人道的意義上而言，道無非是對不知所因而因的自因的概括和把握。郭象言：「道之所容者雖無方，然終其大歸，莫過於自得，故一也。各自得耳，非相同也，而道一也。物得以通，通物無私，而強字之曰道。」(《莊子・則陽注》)這個「強字之曰道」說到底還是個「強字」，也就是「名」。但人不應該執著於這個名，而要尋求實。郭象言：「今名之辯無，不及遠矣，故謂道猶未足也；必在乎無名無言之域而後至焉，雖有名，故莫之比也。」(《莊子・則陽注》)所以，「無名無言之域」才是至，才能達實，郭象言「名極而實當」。由此可以看出，郭象並沒有把道看成是超越性的東西，道無非是萬物在性上的自得，是以道才能通萬物。

「理」和「道」一樣，也是萬物「自生」、「自化」的「名」。郭象言：「物物有理，事事有宜。」(《莊子・齊物論注》)道無所不在，但反過來說，道和

理是存在於萬物之中，道不能脫離物而在，沒有萬物也就沒有了道和理，因此，在郭象這裡道和理不能作為萬物存在的基礎或根據。是以郭象言：

> 今問道之所在，而每況之於下賤，則明道之不逃於無也必矣。若必謂無之逃物，則道不周矣。道而不周，則未足以為道。明道不逃物。若遊〔乎〕有，則不能周徧咸也。故同合而論之，然後知道之無不在。（《莊子·知北遊注》）

郭象言道和理，皆以萬物得性為根本。「外不資於道，內不由於己，掘然自得而獨化也」（《莊子·大宗師注》），可見，郭象更重視的是萬物如何得以成就自身存在的問題。

所以，在郭象這裡萬物的存在是先於道和理的，道和理無非是對萬物之存在的一種抽象性把握。也正是在這個意義上，郭象在言萬物存在的方式上，要去除人的人為之知，也就是去除執著於對道和理的知性把握，而希望萬物能順自然而化，不依於任何外在的規定。

三、本與根

郭象認為萬物之生「無根」、「無門」。

> 無根無門，忽爾自然，故莫見也。唯無其生亡其出者，為能睹其門而測其根。（《莊子·則陽注》）

> 夫死者已自死，而生者已自生，圓者已自圓，而方者已自方，未有為其根者，故莫知。（《莊子·知北遊注》）

「自然」、「自生」、「自圓」、「自方」說明萬物存在的根據在於自身，也就是郭象所說的「所在皆本」即是「以萬物為本」。除了萬物，別無其他外在之本。前面我們論述過，「本」在郭象《莊子注》中的涵義主要有以下三個方面：本體之本、本性之本、價值之本。郭象否定了有、無、道等作為萬物存在的根據，在本體的意義否定了萬物有一個統一性的本體之本，郭象言「本」是從「本性之本」和「價值之本」上言的。

從前面的論述中可以看出，郭象在尋找萬物存在的根據的時候，否定了超越性的「本體」，進而在自生的意義上言萬物的先天獲得性的「本」，在郭象看來，萬物皆以自身為存在的根據。《莊子·庚桑楚》有言：「〔是〕以生為本。」郭象解之：「物之變化，無時非生，生則所在皆本也。」可以看出，萬物皆以自己的「所在」為本，而「所在」就不是生成意義上的創生者，也不

是統一性的「本體」，而是萬物的現實存在。所以，郭象否定掉任何作爲「創生者」和「本體」作爲存在的根據。在郭象看來，萬物都是在「所在」的基礎上變化的，沒有一個來處也沒有一個歸處，都是「歘然自爾」，萬物要安於自己的所受，不要試圖超越自己的所在。

在郭象《莊子注》中本除了有萬物之「所在」的意思，還有「本性之本」和「價值之本」的涵義。郭象言：

> 天性所受，各有本分，不可逃，亦不可加。夫逃遁天理，倍加俗情，哀樂經懷，心靈困苦，有同捶楚，寧非刑戮！（《莊子·養生主注》）

「本分」是從天性那裡「受」的「性」，是隨著「自生」一起先天獲得的，因此萬物不能超越自己的「本性」，如果失去這個「本」則心靈困苦，也就是萬物「失性」則不能逍遙。那麼如何才能做到不失這個存在之「本」呢？郭象言：

> 渾沌無知，而任其自復，乃能終身不離其本也。（《莊子·在宥注》）

> 因而就任之，不去其本也。（《莊子·在宥注》）

> 尋其本，皆在不爲中來。（《莊子·天道注》）

在郭象看來，只有「渾沌無知」，任萬物自生自化，這樣才能不離「本」，也就是「不爲」、「無爲」。如果不是「順任」而是「強知」，那麼就會失去自己存在之「本」。這裡本性與以往的本性不同，不是類的，而是個體的，指的是眞性。郭象言眞性，是在性分基礎上表達本性的，眞性比本性進一步，本性容易使人去追求那個本是什麼，而眞性說明這個本性是通過實現才能獲得的。眞性是價值之本的意謂，是指「本乎天」。

從以上的論述中可以看出，郭象言「本」，從「物各有性」而言每個存在都各有自己的「本性」，因此也就各有自己的「本眞」。「本性」、「本眞」就意味著萬物是一種存在意義上「未完成」的狀態而不是在本體意義上「未完滿」的狀態，所以萬物就需要在這個基礎上不斷地成就其自身。萬物在成就其自身的過程中不但以自身存在的根據爲開端，也以自身存在「眞性」爲終點，只要在存在的過程中獲得自己之「性」，就可以到達和自身存在的統一，進而也就成就了其存在的意義和價值。

第二節　自生

　　郭象並不承認有超越萬物之外的本體存在，因此在郭象的《莊子注》中，他把立論的基礎轉向有物之域。郭象認爲無不能生有，有也不能化爲無。在有物之域外，並不存在一個造物之「主」，也不需要以有、無等抽象的統一性來解釋萬物的存在。他在《莊子序》中言：「上知造物無物，下知有物之自造也。」正是因爲「造物無物」，所以對造物之主的探討是沒有意義的，這也是郭象不承認有超越的本體的一個原因。郭象在《莊子·齊物論注》中進一步論述了這個問題：「請問：夫造物者，有耶無耶？無也？則胡能造物哉？有也？則不足以物衆形。故明衆形之自物而後始可與言造物耳。是以涉有物之域，雖復罔兩，未有不獨化於玄冥者也。故造物者無主，而物各自造，物各自造而無所待焉，此天地之正也。」郭象認爲在創生的意義上，不存在先於存在的造物主，而且在事物的先後順序上也就是時間的先在性上，也不存在著優先性的存在者。因此，既無時間優先性的造物主也無邏輯優先性的造物主，萬物的存在只能依存於自身，也就是「物各自造」。

　　「有物之自造」包含兩方面的内容：「有物」和「自造」。「有物」講的就是萬物，就是存在，依存自身而成爲萬物；「自造」講的就是萬物的存在不但是「自生」而且是「自成」，也就是郭象所言的「自物」。通過對萬物存在的肯定以及對萬物存在依存於自身的肯定，郭象認爲這才是「天地之正」。但是，郭象這種對萬物的肯定和裴頠的「崇有論」又是有差別的，裴頠的「崇有論」所尋找的還是一個統一性的解釋，而郭象言萬物則是從自生、自成的角度上言存在的基礎。在郭象看來，雖然物自造於有物之域，但卻是化於「玄冥之境」的。也就是說，在郭象這裡重要的不是如何解釋「存在」而是萬物如何去存在。所以自造包含兩個方面的涵義：在存在的基礎上言是萬物自己是自己存在的基礎；在萬物成就其爲存在的意義上而言，萬物又是自己成就自己的存在。

　　在萬物成就自己存在的過程中，並不是隨心所欲地存在，而是按照其「自然」的本性去存在。這個自然和《老子》、《莊子》中的自然是有區別的。在《老子》、《莊子》中，自然一方面是指自然界，另一方面也指自然界中所蘊涵的本體之道，如老子言「道法自然」。在郭象《莊子注》中自然並不是指外在實體性的自然界，也不是具有超越性意義本體之道，而是萬物自身所具有的規定性，按照這種規定性去存在，這就是「自然」。郭象所言的自然，就是

萬物自然而然自己如此，也就是「自爾」，不存在一個外在的超越性根據，也沒有一個外在的超越性目的。萬物在原初的存在基礎上無不是自然而然、自己如此，這不但構成了存在的原初存在方式，也在存在的展開過程中，成為萬物成就自身的法則。

可見，郭象在否定超越性存在的同時，將立論的基礎轉向有物之域，在有物之域，萬物莫不自造、自生，按照自己的天然，自然而然地去存在。郭象所訴求的不是一個統一性的解釋，而是從存在的角度，揭示萬物存在的基礎、方式、狀態，以及在成就自己存在的過程中所依存的法則。

一、造物無物

郭象在《莊子注》中否定有、無、道、本等超越性的本體，將立論的基礎轉向有物之域。郭象所實現的這種轉變較之老子、莊子的思想對於郭象所生存的時代有著重要的意義。有物之域就意味著萬物所賴以存在和發展的基礎不在萬物之外，追求外在性的超越並不能改變現實的存在方式和存在狀態，因此萬物要想成就自己的存在，就需要返回到自己存在的基礎上來，也就是返回到自己存在之上。而這個本就是萬物中每個具體的存在，因此任何的發展、變化的原因都來自於每個具體存在自身。這種立論觀點的轉變，無疑為郭象所處時代的人們尋找到一條超脫那個紛亂的世事的可行之途。

有物之域意味著在萬物之外並不存在著一個創生性的萬物之主，也意味著萬物不具有統一的本體。萬物在自己的生成變化中只能以自己為根據，所以郭象言「造物無物」。在郭象《莊子注》中「造」主要有兩個涵義，一個是指作為「創生」，如「造物者」，另一個是指「成就」，如「所造皆適，則忘適矣，故不及笑也」（《莊子・大宗師注》）。

郭象對創生意義的造物者持否定的態度，郭象言：

> 自天地以及群物，皆各自得而已，不兼他飾，斯非主之以太一邪？
> （《莊子・天下注》）

「非主之以太一」即意味著並沒有創生性的造物者，萬物都是自得、自生，應該「以萬物為本」。所以郭象言：

> 夫以萬物為本，則群變可一，而異形可同。斯迹，將遂使後世由己以制物，則萬物乖矣。（《莊子・天下注》）

> 一者，有之初，至妙者也。至妙，故未有物理之形耳。夫一之所起，
> 起於至一，非起於無也。然莊子之所以屢稱無於初者，何哉？初者，
> 未生而得生，得生之難，而猶上不資於無，下不待於知，突然而自
> 得此生矣，又何營生於已生，以失其自生哉！（《莊子‧天地注》）

很多人覺得郭象的生成論神秘，就是因為郭象沒有直接論述萬物如何產生
的，而只是否定了以往作為本原或創生者的造物主。其實郭象是避開了生成
問題而已，而直接在有物之域言自生，言以萬物為本。郭象言：「夫莊老之所
以屢稱無者何哉？明生物者無物，而物自生耳。」（《莊子‧在宥注》）在郭象
看來，人們關於老莊之「無」的看法是有問題的，很多人都認為有是無創生
出來的，「有生於無」。郭象認為這種看法是錯誤的，「有之初」為「至一」，
萬物「起於至一，非起於無也。」郭象認為在老莊那裡言無，是為了說明生
物無物而物自生。所以郭象言：「無既無矣，則不能生有；有之未生，又不能
為生。然則生生者誰哉？塊然而自生耳。自生耳，非我生也。我既不能生物，
物亦不能生我，則我自然矣。」（《莊子‧齊物論注》）這說明，萬物不能以「有」
為本體，因為我不能生物，物亦不能生我。

正因為萬物是自生，其所造就不能依賴於外在的原則，而只能以自身的
存在為基礎，也正是在這個意義上郭象言「自然」、「自化」才真正是在「自」
的基礎上「然」和「化」。所以，從創生的角度而言，郭象認為萬物無不是自
生。郭象言自造從「創生角度」否定造物者的存在，那麼萬物無非是各自「造」。

「造」在郭象《莊子注》中還有另外一個涵義，就是「成就」。郭象言：

> 世或謂罔兩待景，景待形，形待造物者。請問夫造物者有邪？無邪？
> 無也則胡能造物哉！有也則不足以物眾形。故明眾形之自物，而後
> 始可與言造物耳！是以涉有物之域，雖復罔兩，未有不獨化於玄冥
> 者也。故造物者無主，而物各自造，物各自造而無所待焉，此天地
> 之正也。（《莊子‧齊物論注》）

在郭象的這段話裏，「造物」既有創生性的造物者之意，也有萬物成就自身
之意，而且郭象明確提出只有「明眾形之自物而後始可與言造物耳」。也就
是說，在郭象看來，言造物並不是要求萬物之主，而是要明「物各自造」，
這才是天地之正。郭象在否定造物主的同時肯定了萬物自生的價值，正是在
自生這個萬物得以存在的基礎之上，萬物才能得以成就自身，得以自造。因
此，從萬物在有物之域自生開始，郭象將萬物存在的根據、存在的形式、存

在的狀態都轉回到萬物自身，也就是都是在自生的基礎上成就其存在。郭象言「全其性分之內」、「適性」、「無心」、「與化爲體」、「神器獨化於玄冥之境」等等，都是萬物在「自生」基礎上展開自己，得以成就自己的過程，都是「自造」。

二、有物之自造

郭象言「有物之自造」，是在有物之域言萬物皆以自生爲其存在的根據，並在自生的基礎之上，成就其自身的存在。但萬物如何自造呢？郭象認爲：「萬物皆造於自爾。」（《莊子·達生注》）「自爾」是郭象《莊子注》中比較特殊的概念，因爲在《莊子》中並沒有自爾這個概念。《莊子》有言：「天不產而萬物化，地不長而萬物育。」（《莊子·天道》）郭象注之：「所謂自爾。」可見，郭象言自爾是從萬物化育這個角度而言的，也就是說萬物化育不依於天地，而是自爾，這就是「有物自造」。

郭象之所以這樣重視自爾這個概念，就是因爲萬物在成就其自身存在的過程中沒有任何外在的力量可以依靠，只能是自造。郭象言「自爾」，就是言萬物都是以自身爲存在的根據和動力而完成自己的存在，不需要任何外在的力量來推動。實際上，郭象這樣言萬物的存在爲他所言的「物各有性」奠定了基礎。正是因爲「自爾」，萬物只能以自身爲「本」，這樣「物各有性」也就是郭象立論的應有之義了。《莊子》有言：

> 大公調曰：「陰陽相照、相蓋、相治；四時相代、相生、相殺。欲惡去就，於是橋起，雌雄片合，於是庸有。安危相易，禍福相生，緩急相摩，聚散以成。此名實之可紀，精微之可志也。隨序之相理，橋運之相使，窮則反，終則始，此物之所有。言之所盡，知之所至，極物而已。睹道之人，不隨其所廢，不原其所起，此議之所止。」（《莊子·則陽》）

郭象注之：

> 言此皆其自爾，非無所生。凡此事故云爲趨捨，近起於陰陽之相照，四時之相代也。過此以往，至於自然。自然之故，誰知所以也！皆物之所有，自然而然耳，非無能有之也。物表無所復有，故言知不過極物也。廢起皆自爾，無所原隨也。極於自爾，故無所議。

在《莊子》那裡，萬物千變萬化，言、知所能把握的只是「物之極」，所以「睹道之人」不議「物極」之外。而郭象認為，之所以「止議」是因為萬物皆是自爾，不是用言、知所能把握的。《莊子》只是說明了不能過用於知、言，而郭象進一步指出，之所以不能過用於知、言，是因為萬物皆不能知其所以，因為這個所以就是自然，也就是自爾。郭象言：「自爾，故不知所以。」（《莊子·讓王注》）

但是，自爾是不是我想怎樣就怎樣呢？郭象認為也不是。因為萬物之中還有其他的存在。「自爾」雖然強調自，但這個自不是一個有意志性的「自我」，而是萬物按照自己的自生所獲得的「自然」之性上去成就自己的存在。郭象言：「夫我之生也，非我之所生也，則一生之內，百年之中，其坐起行止，動靜趣捨，情性知能，凡所有者，凡所無者，凡所為者，凡所遇者，皆非我也，理自爾耳。」（《莊子·德充符注》）在郭象看來，「自爾」是從「理」中來，而不是從「我」中來，而這個理就是自然，這個問題在下一部分將進一步說明。郭象言：「凡物云云，皆自爾耳，非相為使也，故任之而理自至矣。」（《莊子·齊物論注》）萬物互相聯繫，千變萬化並不是相互作用的結果，而是因為自爾，所以任萬物之自爾則理自至。郭象言：

> 不運而自行也。不處而自止也。不爭所而自代謝也。皆自爾。無則無所能推，有則各自有事。然則無事而推行是者，誰乎哉？各自行耳。自爾，故不可知也。二者俱不能相為，各自爾也。設問所以自爾之故。夫物事之近，或知其故，然尋其原以至乎極，則無故而自爾也。自爾則無所稍問其故也，但當順之。夫假學可變，而天性不可逆也。順其自爾故也。（《莊子·天運注》）

萬物所行、所止、所靜都是自爾，所以無故，只能順任，自爾是萬物的天性，郭象之所以這樣說，是因為自爾是萬物在自生當中先天獲得的，不是知、言可以把握得到的。因此郭象言：「故為吻然自合之道，莫若置之勿言，委之自爾也。」（《莊子·齊物論注》）任萬物自爾，則是在萬物自生的基礎上成就萬物之生。郭象言：

> 故罔兩非景之所制，而景非形之所使，形非無之所化也，則化與不化，然與不然，從人之與由己，莫不自爾，吾安識其所以哉！故任而不助，則本末內外，暢然俱得，泯然無迹。若乃責此近因而忘其自爾，宗物於外，喪主於內，而愛尚生矣。雖欲推而齊之，然其所尚已存乎胸中，何夷之得有哉！（《莊子·齊物論注》）

　　郭象反對「宗物於外，喪主於內」，無論「從人」還是「由己」，都是任萬物之自爾。因爲如果有所「宗」、有所「尚」的話，則是在萬物之外去尋一個外在的根據或本，實際上就是萬物喪失自己，就是「失」而不是「得」了。郭象認爲：「任之而自爾，則非僞也。凡得眞性，用其自爲者，雖復皀隸，猶不顧毀譽而自安其業。」(《莊子・齊物論注》) 正是因爲任之而自爾，所以萬物才能得其眞性。言「有物自造」就是言萬物在自生的基礎上成就其眞性，而這個過程中必須遵循著一定的法則，這個法則就是郭象所說的「自然」。

三、自然

　　郭象言「自然」不是在本體或實存的意義上言的，郭象《莊子注》中自然主要的意義是法則，是萬物在成就自身存在的過程中所遵循的道、理。郭象認爲萬物之道在自然，天也是爲了說明自然。這裡的道、理、天已經不具有超越性的意義，而是說萬物是按照自己的性而去成就其自身。所以說，自然就是「循性而動」。實際上到郭象這裡，自然就是法則。自然的含義從肯定方面講是自己如此，從否定方面講是無爲，不去干涉。所以郭象言：「皆不知所以然而自然耳。自然耳，不爲也。此逍遙之大意。」(《莊子・逍遙遊注》)「不知所以然」就是自己如此，而「不爲也」就是不去干涉。在郭象《莊子注》中，自然主要有三方面的涵義：第一爲天然；第二爲循性而動；第三爲法則意義上的自然之道、理。

　　郭象言：「雖天地之大，萬物之富，其所宗而師者無心也。知天人之所爲者，皆自然也；則內放其身而外冥於物，與眾玄同，任之而無不至者也。天者，自然之謂也。」(《莊子・大宗師注》) 在郭象看來，「天者」是「自然之謂」，也就是說言自然就是天然，天然就是先天所稟賦的，任何內外因素都無法改變的東西。所以郭象言：「凡所謂天，皆明不爲而自然。」(《莊子・山木注》) 這裡的天，並不是實在性的、本體性的超越者，而僅僅表示和人爲相對待的天然。郭象言：「天者，自然也。自然既明，則物得其道也。」(《莊子・天道注》) 所以，明萬物之自然則萬物「得其道」，實際上這個道就是無爲。如郭象言：「我生有涯，天也；心欲益之，人也。然此人之所謂耳，物無非〔天也〕。天也者，自然者也；人皆自然，則治亂成敗，遇與不遇，非人爲也，皆自然耳。」(《莊子・大宗師注》)

　　自然在郭象《莊子注》中第二個涵義就是「循性而動」。所謂循性而動就是任萬物之真性而動，而這個真性就是自然之性，循性就是不離其真性。郭象言：「言物皆自然，無為之者也。」(《莊子‧大宗師注》)「夫物未有無自然者也。」(《莊子‧徐无鬼注》) 物之自然就是物之「真性」，所以郭象言：「夫真者，不假於物而自然也。」(《莊子‧大宗師注》) 沒有一個超越於物外的主宰者，萬物都是自然而然地存在，自然而然地成就其存在。所以郭象言「起索真宰之朕迹，而亦終不得，則明物皆自然，無使物然也。」(《莊子‧齊物論注》) 正是在這個意義上，郭象認為，要循萬物之真性，「夫任自然而忘是非者，其體中獨任天真而已，又何所有哉。」(《莊子‧齊物論注》) 所以，循性而動就是任萬物之性、任萬物之天真。

　　「自然」在郭象《莊子注》中第三個涵義就是道、理等法則的意思。郭象言：

> 我既不能生物，物亦不能生我，則我自然矣。自己而然則謂之天然。天然耳，非為也，故以天言之。〔以天言之〕所以明其自然也，豈蒼蒼之謂哉！而或者謂天籟役物使從己也。夫天且不能自有，況能有物哉！故天者，萬物之總名也，莫適為天，誰主役物乎？故物各自生而無所出焉，此天道也。物皆自得之耳，誰主怒之使然哉！(《莊子‧齊物論注》)

郭象言自然為法則是在前兩個涵義的基礎上而言的。萬物正因為自己而然，所以才是天然，而循其天然之性，則是不為。郭象言：「天然耳，非為也，故以天言之。」(《莊子‧齊物論注》) 正因為如此，萬物之道、理皆在自然而然。萬物都是自生，此乃天道，而循此天道，萬物莫不自得，所以自然就是萬物在自得過程中必須遵循的法則。郭象言：「天地者，萬物之總名也。天地以萬物為體，而萬物必以自然為正。自然者，不為而自然者也。」萬物以「自然為正」，就是必須以自然法則，任自然。郭象言：「故乘天地之正者，即是順萬物之性也。」(《莊子‧逍遙遊注》) 也就是說萬物在成就自己的存在的時候，應該順萬物之性，這就是明物之自然。

　　如果說萬物以自生為其存在的基礎的話，那麼自然就是萬物得以成就自身存在的法則。萬物之自生僅僅是一種先天性的獲得，是個「未完成」的狀態，而自然是使這個未完成狀態達到成的必須遵循的法則，「適性」、「無心」、「與化為體」，都是以自然為法則的。郭象言：「夫率性直往者，自然也；往而傷性，性傷而能改者，亦自然也」(《莊子‧大宗師注》)，「徒識已然之見世

耳，未知已然之出於自然也」（《莊子‧則陽注》）。只有遵循自然的法則，萬物
才能在自生的基礎上成就其存在而至於成，郭象言：

> 獨能遊外以冥內，任萬物之自然，使天性各足而帝王道成，斯乃畸
> 於人而侔於天也。以自然言之，則人無小大；以人理言之，則侔於
> 天者可謂君子矣。（《莊子‧大宗師注》）

由此可見，無論是萬物還是人臣帝王都必須以自然為道、理。而正是在這個
意義上而言，郭象才認為萬物之性命之情已定，只要無為而順自然，即能達
萬物之性命。所以郭象言：「是以達生之情者不務生之所無以為，達命之情者
不務命之所無奈何也，全其自然而已。」（《莊子‧養生主注》）那麼如何才能
任自然呢？郭象認為要無為。郭象言：

> 古無為者，因其自生，任其自然，萬物各得自為。蜘蛛猶能結網，
> 則人人自有所能矣，無貴於工倕也。（《莊子‧天下注》）

在郭象看來，古無為者因其能任萬物之自然，所以萬物能各自得。物各自得
實際上就是物各自然，郭象言：「物各自然，不知所以然而然，則形雖彌異，
其然彌同也。日夜相代，代故以新也。夫萬物，變化日新，與時俱往，何物
萌之哉？自然而然耳。」（《莊子‧齊物論注》）正因為物各自然，所以萬物之
性也就「有定」。在郭象看來：「言物之自然，各有性也。」也就是說，物在
自然的意義上而言各有其性，「言自然則自然矣，人安故有此自然哉！自然
耳，故曰『性』。」（《莊子‧山木注》）郭象言「物各有性」，萬物都是在自己
的性之內而自生、自造。

第三節　物各有性

　　郭象言有物之域，實際上就是把目光轉向萬物的現實存在上來，其最終
目的在於闡明萬物之為存在是如何存在的，進而揭示人的安身立命之本。但
在完成這個任務之前，郭象必須對萬物之存在的初始狀態做出說明。郭象言
「物各有性」、「性各有極」。「性」是郭象對萬物存在的第一個規定。性作為
萬物的規定性是標誌著萬物的存在是以性為其內容或標準的。但是，這個性
僅僅是個「名」，或者在一定意義上標識著萬物之「有性」。所以，在《莊子
注》中郭象並沒有對性的內容進一步「言說」，只是在性與萬物存在的關係的
意義上言「得性」與「失性」。在郭象看來，只有得性才是「天地之正」，而

一旦失去性便失去其作爲存在的「得」，就是陷入到「失性」當中。郭象也言「眞性」或「本性」，郭象所言眞性或本性都是在萬物與自己之性的得失的意義上言的，而不是言性作爲「眞」或者「本」有著具體的內容。

郭象在《莊子注》中很多地方都談到「性」的問題，也有的學者把郭象的哲學思想把握爲「性本論」。但是，從《莊子注》中找不出郭象以性爲本的證據，性雖然是萬物的規定性，但這個規定性並不是優先於萬物的存在的。郭象將萬物的存在作爲理論的前提直接承諾下來，而性作爲萬物的規定性雖然可以標識著某物爲某物而不是他物，但「某物」和「某物」之間的性是沒有任何可比性的，這個性和存在一樣，都是萬物先天獲得的。萬物先天獲得的性是需要保持和成就的，而在這一過程中萬物存在著「失性」的危險。所以在萬物之性的原初意義上，「性」是個得失問題。「得性」的萬物之性就是這個萬物之「命」，郭象是承認命的存在的。在郭象的《莊子注》中，命基本有兩個涵義：性之所得和命運。在「性之所得」的意義上而言，郭象經常「性命」並稱，而正是在「命」的意義上，「性」具有了確定性，因此萬物便不是可有可無的存在，而是在命上必然性的存在。

但是，萬物總是以自己的必然性之「性命」而否定其他萬物的存在，所以，郭象需要通過齊物來消除萬物這些分際，實際上就是「各正性命」。郭象是通過齊「是非」而達到萬物「各自得正」。郭象否認了統一性的本體，那麼就需要對差異性的存在給出合理的說明，郭象用「是非」來說明這個問題。因爲，萬物的存在，都是以自己的存在爲最「眞實」的存在，也就是以自己的存在爲是，把和自己不同的存在把握爲非，而萬物都是這樣的就意味著是非並沒有一個統一性的標準。郭象言：「物皆自是，故無非是；物皆相彼，故無非彼。無非彼，則天下無是矣；無非是，則天下無彼矣。無彼無是，所以玄同也。」（《莊子·齊物論注》）所以，只有「無彼無是」的「玄同」才是萬物的齊一性，也就是「同得」於性。郭象言：「所謂齊者，豈必齊形狀，同規矩哉！故舉縱橫好醜，恢詭憰怪，各然其所然，各可其所可，則理雖萬殊而性同得，故曰道通爲一也。夫物或此以爲散而彼以爲成。我之所謂成而彼或謂之毀。夫成毀者，生於自見而不見彼也。」（《莊子·齊物論注》）「性同得」才是眞正的「道通爲一」。雖然萬物「各有性」，但只有在「得性」的意義上才能言萬物之「性」，而「得性」不能以一個統一性的「性」或者以其他的「性」來規定自己之性，而這就是郭象言的「性各有極」、「性分」。

「性分」是郭象《莊子注》中一個非常重要的概念，也是理解郭象《莊子注》的關鍵之點。郭象對有物之域中的萬物的確立，不是尋求萬物的統一性，而是在「物各有性」、「性各有極」的意義上而言之。在這裡，郭象對萬物的差異性給予了積極的肯定，而恰恰是只有肯定萬物的差異性，才能尋找到真正的統一性，而這個統一性不能在萬物之外尋得，只能在萬物的存在過程當中尋得，郭象言「自盡為極」，後面言的「冥極」、「和而不同」，就是闡明這種在差異基礎之上建立起來的統一性。郭象之所以這樣把握萬物，是為以後的立論做準備的。在郭象這裡，他所真正關注的不是作為存在的萬物，而是作為萬物的存在。郭象所要追究的是萬物如何存在，而這正是下一章所要闡述的內容。

一、性與命

郭象言「物各有性」，是在萬物之「自生」的基礎上而言的，而這個自生作為萬物的基礎僅僅具有原初性的涵義，也就是說萬物在生的意義上而言是自生，但在成的意義上而言就是自化了，就是「自化而成」。所以郭象言「性」有兩個方面的涵義：第一是「生之為性」；第二是「成性」。郭象言性在其「生」和「成」的意義上是有「命」的。郭象言：「不知其所以然而然謂之命，似若有意也，故又遣命之名以明其自爾而後命理全也。」（《莊子‧寓言注》）但萬物之命不是來自於任何外在的超越性的規定，而是因萬物之自生，所以「性命有定」。「物各自然，不知所以然而然，則形雖彌異，其然彌同也。日夜相代，代故以新也。夫萬物，變化日新，與時俱往，何物萌之哉？自然而然耳。言其自生。」（《莊子‧齊物論注》）

郭象言「初謂性命之本」，「初」即為萬物之「自生之始」，所以性在生的意義上是有本的，這個本就是萬物各自的本性。郭象言：

> 此五者，皆以有為傷當者也，不能止乎本性，而求外無已。夫外不可求而求之，譬猶以圓學方，以魚慕鳥耳。雖希翼鸞鳳，擬規日月，此愈近彼，愈遠實，學彌得而性彌失。故齊物而偏尚之累去矣。（《莊子‧齊物論注》）

郭象在這裡言「本性」，但並沒有說明本性的具體內容是什麼。雖然郭象認為萬物是有本性的，但是這個本性是在萬物自生的基礎上先天的獲得之性。所以，郭象言萬物的本性和後面所言的物各有性是不矛盾的。本性指的是萬物

在其原初或自生的基礎上，是有性的。所以，這個性並不是說萬物都有一個統一性的「本性」，而是說萬物之性各有其本，是在其自生之基礎上的先天性獲得。所以，郭象才言物各有性，也就是說萬物萬形，萬物先天獲得的性是不一樣的。本性是爲了說明萬物的存在不是虛幻的，而是有其具體的根據和規定。但本性並不是一個共同的統一性，這樣也使得萬物在成的意義上而言各自因循各自之性。郭象言：「因其本性，令各自得，則大均也。」（《莊子・徐无鬼注》）萬物各有其本，在這個意義上而言，也各有其存在的意義和價值。所以，郭象在有物之域，通過自生、自然確立起了萬物之性。

郭象言萬物之性，但自性這個概念在郭象《莊子注》中並沒有提出過，郭象言性多是從「生」、「成」的角度而言，而自性是從對萬物的本質規定上而言，所以郭象並沒有說萬物有自性，主要還是因爲自性是從萬物之性的內容構成性上說的，而郭象言性則是從生、成的意義上講。雖然郭象也言眞性，但郭象言眞性是從得失上言的，如郭象言：

> 凡得眞性，用其自爲者，雖復皂隸，猶不顧毀譽而自安其業。故知與不知，皆自若也。若乃開希幸之路，以下冒上，物喪其眞，人忘其本，則毀譽之間，俯仰失錯也。（《莊子・齊物論注》）

在郭象看來，眞就是和萬物之本性相合，而不是超越萬物之外有一個獨立的眞性。郭象言：「夫眞者，不假於物而自然也」。「不假於物」則是說眞是萬物所本有的，是和自生一起稟賦的。所以言眞性就是要和本性相合。郭象言：「馬之眞性，非辭鞍而惡乘，但無羨於榮華。」（《莊子・馬蹄注》）在《莊子》中有言：「馬，蹄可以踐霜雪，毛可以御風寒。齕草飲水，翹足而陸，此馬之眞性也。」（《莊子・馬蹄》）在莊子看來，馬之眞性在於其天然，「穿落」乃使馬失去其天然之性，而郭象則認爲，馬之眞性不在於天然之性而在於「鞍」、「乘」，「辭鞍而惡乘」並不能得性恰恰是「失性」，所以馬之得性在於「無羨於榮華」。可見，郭象言性與莊子言性有很大不同，莊子更是在性的規定上言的，如「天」，而郭象則是從性的生、成的角度而言的，如「本性」、「眞性」等等。

郭象言本性和眞性實際上都是一個意思，都是從萬物之「物各有性」的角度上說的。言「本性」是從「生」的角度言「止於本性」，郭象言：「將使物不止於本性之分，而矯跂自多以附之」（《莊子・天地注》）。言「眞性」是從「成」的角度言「不失眞性」。郭象言：「夫曾史性長於仁耳，而性不長者，橫復慕之，慕之而仁，仁已僞矣。天下未嘗慕桀蹠而必慕曾史，則曾史之簧

鼓天下，使失其眞性，甚於桀蹠也。」（《莊子・駢拇注》）所以，郭象言本性
多言「止」，言眞性多言「得失」。無論是「止」還是「得失」，郭象都不是從
「性」的內容上言的，而是從萬物之性的「生」、「成」角度而言的。這樣，
郭象就把以前哲學家們所追求的萬物之外的本體之性轉化爲有物之域的成
性，也爲郭象在有物之域其他論證的展開打下基礎。

　　郭象在言「性」的同時也言「命」，如郭象言：「知不可奈何者，命也」（《莊
子・人間世注》）。郭象言：「有與之貌，未有疑其非命也。以有與者命也，故知
獨者亦非我也。是以達生之情者不務生之所無以爲，達命之情者不務命之所無
奈何也，全其自然而已。」（《莊子・養生主注》）所謂的「命」就是不可奈何，
是在自生之時就已經獲得的，在這個意義上也可以說命爲天命。因爲在郭象這
裡天已經不具有超越性的本體之意，無非就是天然，實際上就是萬物之自生之
性。郭象言：「命非己制，故無所用其心也。」（《莊子・秋水注》）「命非己制」
所從乎的也就是「萬物之性」了。所以，在郭象《莊子注》中，性、命本是一
體的，郭象經常並列言之。郭象言：「苟足於天然而安其性命，故雖天地未足
爲壽而與我並生，萬物未足爲異而與我同得。」（《莊子・齊物論注》）

　　在性命問題上郭象認爲「性」、「命」本乎自生，所以在這個意義上就不
是可以改變的對象，因此需要去「安」、「適」、「任」，總而言之對於性命應該
無爲。郭象言：

　　　無爲而性命不全者，未之有也；性命全而非福者，理未聞也。故夫
　　　福者，即嚮之所謂全耳，非假物也，豈有寄鴻毛之重哉！（《莊子・
　　　人間世注》）

從這句話中也可以看出，郭象所要實現的就是萬物性命之「全」，而不是改變「性
命」。無爲就是要使萬物各安其性命，因爲如果有爲，則萬物則各相「效」、「尚」，
這樣就會失去己之性，「各正性命而自蒙己德，則不以此冒彼也。若以此冒彼，
安得不失其性哉！」（《莊子・繕性注》）而這在郭象看來「以此冒彼」是對萬物
自身的傷害。郭象言無爲則「尚彼可絕，則性命可全矣」。郭象言：

　　　無爲者，非拱默之謂也，直各任其自爲，則性命安矣。不得已者，
　　　非迫於威刑也，直抱道懷樸，任乎必然之極，而天下自賓也。（《莊
　　　子・在宥注》）

在郭象看來，只有「任」才能安「性命」，而「性命安」則「天下自賓」。所
以，在性命這個問題上，郭象主張順任，這和後面要講的萬物在成就自身存

在過程中的「適性」、「無心」、「任自化」是一致的。郭象言:「明性命之固當。以化爲命,而無乖迕。不離至當之極。」(《莊子‧德充符注》)

郭象言性命,實際上是在萬物各有其性的基礎上言的,這就是性分。所以郭象言:「和之以自然之分,任其無極之化,尋斯以往,則是非之境自泯,而性命之致自窮也。」(《莊子‧齊物論注》)在《莊子》中有言:「夫聖人之治也,治外夫?正而後行,確乎能其事者而已矣。且鳥高飛以避矰弋之害,鼷鼠深穴乎神丘之下,以避熏鑿之患。」(《莊子‧應帝王》)郭象認爲萬物各有其性,聖人、鳥、鼷鼠其「爲」不同,但只要是順任己性就都能「全其性分之內而已。各正性命之分也」(《莊子‧應帝王注》)。

二、齊物

郭象言:「和之以自然之分,任其無極之化,尋斯以往,則是非之境自泯,而性命之致自窮也。」(《莊子‧齊物論注》)可見,「全其性分之內」需要「泯」是非,也就是齊物。齊物的問題在《莊子》裏面是個非常重要的問題,《莊子》內七篇裏有專門的一篇《齊物論》。不過,齊物的問題在《莊子》那裡是說萬物在道的意義上是齊一的。但是,在郭象的《莊子注》中,郭象否定了道的超越性和統一性,而把立論的基礎轉向有物之域。這樣,就賦予萬物以絕對性的價值,也就是說每一個存在都是獨特的,都是有著自身的價值的。郭象言:「無不成也。無不然也。各然其所然,各可其所可。」(《莊子‧齊物論注》)萬物之間並沒有價值上的差別,非但沒有價值上的差別,強調這種差別本身也是不對的。雖然萬物在自生的意義上性各不同,但是萬物還要成就自己的生,在成這個意義上,萬物又是沒有差別的,就是「各然其所然,各可其所可」。所以,郭象言齊物之「齊」更多是在萬物之「得性」上言的。郭象言:

> 夫莛橫而楹縱,厲醜而西施好。所謂齊者,豈必齊形狀,同規矩哉!故舉縱橫好醜,恢詭憰怪,各然其所然,各可其所可,則理雖萬殊而性同得,故曰道通爲一也。夫物或此以爲散而彼以爲成。我之所謂成而彼或謂之毀。夫成毀者,生於自見而不見彼也。故無成與毀,猶無是與非也。(《莊子‧齊物論注》)

在郭象看來,所謂的「齊物」並不是「齊形狀,同規矩」,而是在其「然其所然,可其所可」的意義上各自得其性,郭象稱「性同得」之爲「道通爲一」。實際上就是萬物「各當其分」,「順時而化」,不以己見而見彼,所以才能無「是

非」，無「成毀」。郭象言：「舊說雲莊子樂死忘生，斯說謬矣！若然，何謂齊乎？所謂齊者，生時安生，死時安死，生死之情既齊，則無為當生而憂死耳！此莊子之旨耳。」（《莊子·至樂注》）可見，「齊」就是各安其所遇，不以己為是、不以他人為非。

　　郭象認為，達到萬物的「齊」共有三種方法：「或有而無之，或有而一之，或分而齊之，故謂三也。此三者雖有盡與不盡，然俱能無是非於胸中，故謂之〔公族〕」（《莊子·庚桑楚注》）。「有而無之」是追求「本體之齊一」；「有而一之」是追求「認識之齊一」；「分而齊之」追求的是「存在的齊一」，雖然這三種各有「盡與不盡」，但都能「無是非於胸中」。實際上，郭象的「齊物」就是「分而齊之」，主要是齊是非。郭象在《莊子·齊物論》的注中，反覆說明齊是非的重要，實際上這裡的是非問題不是一個認識的對錯問題，而是一個是否執於是非的問題。郭象言：

> 物皆自是，故無非是；物皆相彼，故無非彼。無非彼，則天下無是矣；無非是，則天下無彼矣。無彼無是，所以玄同也。（《莊子·齊物論注》）

在郭象看來，「是若果是，則天下不得復有非之者也；非若信非，則亦無緣復有是之者也；今是其所同而非其所異，異同既具而是非無主。」所謂是非者是因為好辯，也就是各執己是。所以，是非是一個相對的概念，不具有實在性的意義，郭象齊物就是要消除人們在知和言上對這種相對概念的執著，而各止於「實」。郭象言：「不由是非之塗而是非無患不當者，直明其天然而無所奪故也」。（《莊子·齊物論注》）

　　所以，「齊物」不在於「有而無之」或「有而一之」，而在於「分而齊之」。也就是在承認萬物的「差異性」的前提下，不執著於這種「差異性」。郭象言：「苟足於天然而安其性命，故雖天地未足為壽而與我並生，萬物未足為異而與我同得。則天地之生又何不並，萬物之得又何不一哉！萬物萬形，同於自得，其得一也。」（《莊子·齊物論注》）正是在萬物成就其自身的存在的過程當中也就是「得性」的意義上，這種「齊」才能夠真正實現。所以郭象言：

> 夫天地之理，萬物之情，以得我為是，失我為非，適性為治，失和為亂。然物無定極，我無常適，殊性異便，是非無主。若以我之所是，則彼不得非，此知我而不見彼者耳。故以道觀者，於是非無當也，〔能〕付之天均，恣之兩行，則殊方異類，同為皆得也。（《莊子·秋水注》）

在郭象看來，「今是非無主，紛然淆亂，明此區區者各信其偏見而同於一致耳」。(《莊子‧齊物論注》) 究其原因就在於「以己制物」，所以，郭象言：「以己制物，則物失其眞。夫寄當於萬物，則無事而自成；以一身制天下，則功莫就而任不勝也。全其性分之內而已。各正性命之分也。不爲其所不能」(《莊子‧應帝王注》)。由此可見，眞正的齊物在於明萬物各有其性分，只有各安己性，才能分而齊之。

三、性分

「性分」這一概念在郭象《莊子注》中十分重要，它不但是郭象對有物之域中萬物原初狀態的把握，也是萬物個體性、差異性的根據。從前面的論述中可以知道，郭象在《莊子注》中，把立論的基礎轉向有物之域，然而如果僅僅是對有物之域的現象探討還不足以成就其作爲玄學家的聲名。實際上每一個人的目光都是落在有物之域的，困難在於如何將有物之域作爲基礎而尋求有物之域內的超越，這才是郭象作爲玄學家所思考的問題。魏晉時期從老學到莊學的轉變說明人們對超越性的追求越來越強烈，特別是「竹林七賢」所倡導的「放達」之風，更是引領了那個時代的時代精神。但是，如果仔細分析那個時代訴求超越性的背後深層原因在於兩漢對個體性存在的忽視。從《人物志》中就可以看出，雖然這是一部對人「才性」品評的書，卻也是在個體性上樹立起每個存在的獨特價值的典範。正是從這個意義上而言，人們越來越要求這種個體性的價值在理論上有所體現，整個魏晉玄學雖然有其深刻的經濟、政治、文化原因，但是究其哲學的根本，還是爲了個體存在的意義和價值尋找哲學的根據。但是，郭象之前的玄學家們將個體存在的根據統一到所謂的本體，而這個本體之本恰恰是對個體性的一種抹殺，雖然可以幫助每個存在完成其超越性，但無法證實其個體性的存在價值。郭象面對這一理論困境，提出了「性分」這一概念。

郭象提出「物各有性」、「性各有極」的「性分」觀點。「物各有性」是從個體性差異性上言萬物的存在都有其自身存在的價值，前面在討論的時候對這個問題已經作了詳細說明。「性各有極」是說萬物需要保持在「性分之內」而不能超越自己的性分併在此基礎上「盡己之性」。郭象整個《莊子注》的思想，就是建基在「性分」的基礎之上，性分是對萬物的原初性的規定。從郭象的性分中可以看到，「物各有性」是從萬物之「生」的角度言的，而「性各

有極」是從萬物之「成」的角度言的。郭象言：「各以得性爲至，自盡爲極也」
（《莊子・逍遙遊注》），所以，郭象言「性各有極」之「極」就是萬物需要在
「盡」中完成自己的存在。

　　因此，在郭象這裡逍遙也不是存在之外在性的訴求，而是存在之爲存在
的本質展開所必然達到的狀態。以往的超越性都是建立在外在的「統一性」
的基礎之上的，無論這種「統一性」是「道」還是「仁義」，都是對個體性存
在的忽視。所以郭象言「性分」，就是想在個體性存在的基礎之上尋求其內在
的超越性。郭象之「性分」，一方面賦予個體性存在以價值，另一方面也賦予
個體性存在超越的可能性。因爲郭象在言萬物之「性命」的時候實現了一個
重大的轉變，就是把性命的「眞僞」問題轉化爲「得失」問題。這樣郭象言
「性各有極」就不是一個如何認識萬物之「性」的問題，而是一個如何成就
萬物之「性」的問題。也就是說郭象言「物各有性」僅僅言的是萬物之「生」，
而言「性各有極」則是言萬物之「成」。如果把萬物之「生」理解爲存在的話，
那麼萬物之「成」就是其存在所達到的狀態，所以在郭象這裡，只要萬物不
失其性，也就是「全其性分之內」就能達到「逍遙」。當然，萬物之存在是先
天性獲得的，但逍遙卻不是，是需要去成就的。

　　從另一個層面看，「物各有性」談的是「分」的問題，而「性各有極」言
的是「盡性」的問題。因而，郭象的「性分」包含不可分割的兩個方面：在
個體差異性的基礎上實現整體性的和諧。郭象言：「天性所受，各有本分，不
可逃，亦不可加。」可見，在「自生」的基礎上萬物各有本分，「得分，而物
物之名各當其形也」（《莊子・天道注》）。萬物要各止其「分」，不要相跂相尙，
「萬物萬形，各止其分，不引彼以同我，乃成大耳」（《莊子・天地注》）。正因
爲如此，萬物才能安其性命之所受，「存亡無所在，任其所受之分，則性命安
矣」（《莊子・在宥注》）。郭象言：

> 故知君臣上下，手足外內，乃天理自然，豈眞人之所爲哉！夫臣妾
> 但各當其分耳，未爲不足以相治也。相治者，若手足耳目，四肢百
> 體，各有所司而更相御用也。夫時之所賢者爲君，才不應世者爲臣。
> 若天之自高，地之自卑，首自在上，足自居下，豈有遞哉！雖無錯
> 於當而必自當也。（《莊子・齊物論注》）

在郭象看來，「分」是「天理自然」，郭象言分，是強調個體差異的絕對性，
而萬物必須安於這種差異性，否則就會失去「己性」。郭象把「失性」看成是

非常嚴重的問題，因為萬物「失性」就意味著不能和自己之「天理」或「自然」相合，這樣就勢必造成混亂。郭象言「安於性之分」並不是無所作為，而是在分的基礎上「極」己之性，達到性之「盡」，在郭象看來，只有性「盡」萬物才是成就其自身的存在。郭象言：「夫小大雖殊，而放於自得之場，則物任其性，事稱其能，各當其分，逍遙一也，豈容勝負於其間哉！」（《莊子·逍遙遊注》）「稱其能、當其分」就是極的過程，而「逍遙」就是萬物之「極」的狀態，「夫以形相對，則大山大於秋豪也。若各據其性分，物冥其極，則形大未為有餘，形小不為不足」（《莊子·齊物論注》）。正因如此，所以需要盡物之「極」，萬物才能「成」其性，郭象言：「湯之問棘，亦雲物各有極，任之則條暢，故莊子以所問為是也」（《莊子·逍遙遊注》）。郭象言：「全其性分之內而已。各正性命之分也」（《莊子·應帝王注》），正是在這個意義上，郭象言萬物在成其性的過程中就要「率性而動，動不過分」，「適性、無心而任自化」則是萬物成就其自身存在的方式。郭象言：「物安其分，逍遙者用其本步而遊乎自得之場矣，此莊子所以發德音也。」（《莊子·秋水注》）萬物在成就性分的同時也就臻逍遙於有物之域。

第三章　適性、無心而任自化

　　郭象以物各有性言萬物之存在，「有性」是對萬物的最初也是最基本的規定。郭象又言「各以得性爲至，自盡爲極也」，在物各有性的基礎上「性各有極」，因此還需要「盡」己之「極」。萬物的存在如果僅僅止於差異性，將是雜亂而無序的，因此差異性確立的同時還需重新建立起統一性，這種統一性只能在萬物「得性」的過程中獲得。正如前面所討論的那樣，作爲萬物之性存在著得失的情況，那麼如何使萬物能眞正保持「自然」？也就是如何在有物之域中使萬物不失其性而「全其性分之內」？這是郭象必須面對和解決的問題。實際上，僅僅對於萬物而言，向來就是「自生」、「自爾」、「自然」的，萬物之所以會「失性」，就是因爲作爲萬物的存在不但包括「物」的存在，也包括「人」的存在。郭象認爲人的存在不同於物的存在，《莊子·山木注》言：「人之生，必外有接物之命，非如瓦石，止於形質而已。」瓦石不需努力，自同於天然的形質，不會超出或逾越，人要「接物」則有相效矜尚之心，不但會傷害自身的存在，對他物的存在也會造成妨礙。因此，郭象在《莊子注》中以「適性」、「無心」、「與化爲體」來言有物之域中的萬物如何重新獲得統一性的問題，也就是如何讓差異性的個體能和諧地共在。

　　在《莊子注》中，郭象認爲萬物都是「自生」的，具有形式上的本性。作爲萬物的存在，在其自生、自然的意義上原是「性命」一體的，但是形式上的本性要展現爲具體的存在就要「得性」。所以，郭象言「得性」不是在自生這個意義上言性的獲得，而是言性的持存，實際上「適性」也是在這個意義上講的。郭象在《莊子注》中對本性的規定不是從性的內容上理解，而是從「性分」上理解，僅僅指示了個體間的界限和自身的界限。因此，「適性」

的標準就不會有內容上的規定，只能是以萬物自身的「宜」、「正」、「當」爲標準。所謂的「宜」、「正」、「當」並不是超出萬物之外而存在著一個統一性的標準，而是萬物在其「性分之內」之「宜」、「正」、「當」。所以，在適性的問題上，沒有外在的標準，只能以萬物自身爲標準，而不同的個體標準也是不同的，是相對於萬物的內在性上而言的，需要萬物在存在的過程中內證而獲得。所以，「適性」並不是尋求萬物之外的統一性，而恰恰就是在萬物的「性分」之內，完成其作爲自身的存在，就是「全其性分之內」。萬物在其性分之內才能達到自己存在的持存性和完滿，這就是「足」、「全」，萬物由「適性」而能「自得」。

「適性」就是不打破萬物的自然存在，在其「性分之內」達到「性之適」。但是人的存在和物的存在是不同的，「人在天地之中，最能以靈知喜怒擾亂群生而振蕩陰陽也。」(《莊子·在宥注》)人的存在是有情、有欲、有心的，因此相對於人的存在而言不但需要適性更需要做到「無心」。無心在郭象《莊子注》中是個非常重要的概念，郭象言無心，意爲「心無爲」。無心不是無言，也不是無知。心是一種爲，或者說是一種具體的爲，就像佛家講的執。《金剛經》講「無所住而生其心」，此心就是無心。無心不是把心看成無，把心看成無仍然是有執。無心是在心上無爲，順物而不逆物，付之自然，自然而然不知其所以然。《莊子·逍遙遊注》言：

> 世以亂故求我，我無心也。我苟無心，亦何爲不應世哉！然體玄而極妙者，其所以會通萬物之性，而陶鑄天下之化，以成堯舜之名者，常以不爲爲之耳。

> 故堯許之行雖異，其於逍遙一也。

可見，堯和許由在無心上而言，是相通的，但堯舜能會通萬物之性，不僅止於應世，而是體無爲，是心無爲，方能通無爲和有爲。

無心實際上談的就是人的存在的獨特形式，因爲物的存在本來就是無心的。人一開始就是對自己及萬物存在的把握，這是因爲人有知。人的知對萬物的把握在一定意義上恰恰是對萬物的遮蔽。雖然郭象在《莊子注》中有很多批評知的話，但他並不是否定知，他的意思是不要以己知爲全知。郭象言：「是非然否，彼我更對，故無辯。無辯，故和之以天倪，安其自然之分而已，不待彼以正之。以有限之性尋無極之知，安得而不困哉！已困於知而不知止，又爲知以救之，斯養而傷之者，眞大殆也。」(《莊子·養生主注》)那麼，無

心就需要在知上知止，這樣才能不困於知。知是有限度的，有極的，在知的限度之內不要奢求其外，性分之表（外）聖人無感，故而不言。言在一定意義上就是對存在的直接把握，魏晉玄學的言意之辯講的是人的言能否達「意」，也就是能否達到萬物之為存在的本然狀態。無心雖然並不否定言的作用，但更是重視「寄言出意」。另外，人不但有知、立言，還會因知和言而形成對萬物的「名」。這個名雖然一方面可以把對萬物的知、言固定住，但同時執著於名就會使萬物的存在和其「實」不符。所以，郭象還要進一步在「心無為」的意義上化解掉「名」，去名止實，進而達到一種無言、無知、無名的「無言之境」，這個境界說到底就是對萬物本然狀態的把握。

無心則能適萬物之性，故不違物性，所以萬物「性動」而化，在「化」中成就其自身，這就是「與化為體」。「化」是道家哲學中非常重要的概念，從老子到莊子都非常重視對化的闡釋。在變化問題上，老子更傾向於不要人為地去「變」、「化」，而是要守中、守常。莊子的化則轉向人自身，既然萬物都在化，所以，人只能以自身去「順應」這個化，「逍遙」、「齊物」都有這方面的意謂。在莊子這裡，雖然是「順化」，但目的卻是要達到一個理想的精神境界。到了郭象，對化的問題就更加關注了。郭象言化、自化、獨化的地方很多，對老莊之化進行了更深入的探討。郭象言：

> 人雖日變，然死生之變，變之大者也。彼與變俱，故死生不變於彼。斯順之也。明性命之固當。以化為命，而無乖迕。不離至當之極。（《莊子‧德充符注》）

> 卓者，獨化之謂也。夫相因之功，莫若獨化之至也。故人之所因者，天也；天之所生者，獨化也。（《莊子‧大宗師注》）

從郭象《莊子注》中可以知道，化在郭象這裡已經完全沒有外的指向性，不是要達到「常道」、也不是要與物「齊」，而是真正意義上的「自化」、「獨化」。很多人認為獨化就是自化，這是值得商榷的。獨是和性分直接相關的，獨是表示在性分的基礎上建立起來的彼此之間的共在，因此，獨化就使得萬物統一起來。不能單獨說自化，自化和獨化是一對概念，自化完成的是自己和自己本性相合，而獨化又使得萬物彼此相「和」。郭象言「與化為體」，「適性」、「無心」都是萬物在「化」中與自身的「性分」保持一致。

在郭象《莊子注》中，「適性」、「無心」、「與化為體」表面上是談萬物的存在方式，實際上是從對萬物的闡釋中讓人們理解正確對待「人世」的態度。

郭象最終建立的還是關於人如何安身立命的價值觀，也就是社會和人如何能達到一種和諧的存在狀態，而「神器獨化於玄冥之境」即是對這種和諧狀態的揭示，這個問題是下一章所要闡述的主要內容。

第一節　適性

「性分」並沒有前定性的內容，但指示了性之界線和極限，因此，萬物存在著「得性」和「失性」的問題，在郭象看來，萬物「各以得性爲適，失性爲非」（《莊子‧天道注》）。性需要去適，而所適並無對象，適性就是使「物得其道，而和理自適也」（《莊子‧天道注》）。郭象言：

> 以己制物，則物失其眞。夫寄當於萬物，則無事而自成；以一身制
> 天下，則功莫就而任不勝也。全其性分之內而已。各正性命之分也。
> 不爲其所不能。禽獸猶各有以自存，故帝王任之而不爲，則自成也。
> （《莊子‧應帝王注》）

所以，萬物如果要「全其性分之內」就不能以己制物，而是要任之而不爲，就是「順性」、「任物之性」，使萬物不失去自己的性而自成。萬物是自成，也就是說萬物僅僅是在其「性分之內」的自成，因此自成的標準就不是外在的，而是萬物內在的「宜」、「正」、「當」。「宜」、「正」、「當」正是萬物在自己的「性分之內」和自己的存在保持一致而不失去自己的性，這樣就可以達到「足」、「全」、「自得」。「足」、「全」、「自得」是對萬物得性的反向證成，是對萬物得性狀態的呈現。

作爲存在的萬物其性是先天的獲得，「得者自得，故得而不謝，所以成天也」（《莊子‧天地注》），言得性就是言萬物的性如何持存而使其不失。郭象在《莊子注》中對大鵬和小鳥的態度是平等的，只要「各安其天性」則是達到自己的「性分之至」，希望萬物能「各安其性」，所以，《莊子‧逍遙遊注》有言：「各以得性爲至，自盡爲極也。向言二蟲殊異，故所至不同，或翺翔天池，或畢至榆枋，則各稱體而足，不知所以然也。今言小大之辯，各有自然之素，記非跂慕之所及，亦各安其天性，不悲所以異，故再出之」。萬物失性的原因有很多，但最主要的原因就是「以此冒彼」、「以己制物」，如《莊子‧則陽注》說：「夫物之形性，何爲而失哉！皆由人君撓之，以致斯患耳，故自責」。在前一章也談過，萬物皆以自是爲是而以他物爲非，正是因爲如此，萬物總是「以己正人」，

這就是失。如果說儒家的「己所不欲勿施於人」是基本要求，郭象則進一步主張己之所欲也勿加諸人。郭象認爲要去除「己」對「他人」的干擾，這就需要「順性」、「任物之性」。郭象言：「故乘天地之正者，即是順萬物之性也。」（《莊子·逍遙遊注》）這樣，萬物才能在自己的性分之內各安其性。

無論「得性」還是「失性」是否有一個標準？如果沒有，那麼何言得失，如果有，這個標準是什麼？實際上，郭象認爲還是有標準的。郭象言「自然」、「自爾」不僅是萬物得性的標準還是失性的標準，但是「自然」、「自爾」並沒有一個具體的規定性，而萬物作爲具體存在，其得性和失性的標準不能是外在的統一的標準，而是萬物內在的「宜」、「正」、「當」。所謂的「宜」、「正」、「當」就是萬物作爲存在和自己的「自然」保持一致，而不超越自己的存在，更不可以用自己的「宜」、「正」、「當」而否定他物存在的合理性和價值。

如果萬物在自己的「宜」、「正」、「當」中保持自己的存在，那麼這就是萬物之「足」，就是「全其性分之內」。「足」是對萬物得性狀態的一種表達，郭象言：「苟足於天然而安其性命，故雖天地未足爲壽而與我並生，萬物未足爲異而與我同得。則天地之生又何不並，萬物之得又何不一哉！萬物萬形，同於自得，其得一也。」（《莊子·齊物論注》）而萬物在這個「自得」的「一」中才能達到「全」，也只有在「足」、「全」之中，萬物才是眞正的「自得」。

由上可見，適性對萬物作爲存在而存在是至關重要的。所謂的「適性」就是順任萬物之「宜」、「正」、「當」使其在自己的「性分之內」獲得自己存在之「足」、「全」，通過「適性」，萬物才「自得」。郭象在《莊子·逍遙遊注》中開篇即言：

> 夫小大雖殊，而放於自得之場，則物任其性，事稱其能，各當其分，逍遙一也，豈容勝負於其間哉！
>
> 夫莊子之大意，在乎逍遙遊放，無爲而自得，故極小大之致，以明性分之適。

可見，「適性」是萬物達到逍遙的非常重要的途徑。而「適性」使「性」達到其所「適」，最重要的就是「無爲」，順任萬物自爲，這樣萬物才能「自得」，換句話說「適性」就是使「性」自適。所以，郭象言：「夫至仁者，百節皆適，則終日不自識也。聖人在上，非有爲也，恣之使各自得而已耳。自得其爲，則眾務自適，群生自足，天下安得不各自忘（我）哉！」這樣，萬物「足性而止，無吞夷之欲，故物全」（《莊子·天運注》）。

一、得性、失性、順性

萬物之爲存在，雖然以「性分」而有別，但是其爲存在卻有其「一」，也就是說在實存的意義上而言，萬物是相同的，這個相同究竟是指什麼呢？在「性」的規定上一定不能是相同的，因爲「性」在郭象《莊子注》中並沒有內容上的規定，也就是說萬物萬性。但是「性」對於萬物而言並非毫無意義，一方面萬物在「性分」上獲得自己的差別性意義，另一方面萬物在「得性」上有獲得了統一性意義。也就是千差萬別的萬物在「性」之「得」上是統一的、相同的，這就是「自得」。萬物從「自生」到生生，必須通過自得而獲得自己的存在，得性是萬物獲得自己存在的非常重要的一步。得性並不依於道或理，在郭象看來，所謂的得性只是萬物之自得，只有自得萬物才能自成，才能達到「逍遙」。

> 故舉縱橫好醜，恢詭憰怪，各然其所然，各可其所可，則理雖萬殊而性同得，故曰道通爲一也。夫物，或此以爲散，而彼以爲成。我之所謂成，而彼或謂之毀。夫成毀者，生於自見而不見彼也。故無成與毀，猶無是與非也。（《莊子・齊物論注》）

> 庖人尸祝，各安其所司；鳥獸萬物，各足於所受；帝堯許由，各靜其所遇；此乃天下之至實也。各得其實，又何所爲乎哉？自得而已矣。故堯許之行雖異，其於逍遙一也。（《莊子・逍遙遊注》）

可見，萬物之「性同得」，才能免除彼此之間的影響和傷害，才能「各得其實」，也就是各得其性而達逍遙。

郭象在《莊子注》中非常重視得性的問題。在郭象看來，所謂的「得性」就是「各安其所司」、「各足於所受」、「各靜其所遇」，也就是作爲存在的萬物「無小無大，無壽無夭，是以蟪蛄不羨大椿而欣然自得，斥鷃不貴天池而榮願以足。苟足於天然而安其性命，故雖天地未足爲壽而與我並生，萬物未足爲異而與我同得。則天地之生又何不並，萬物之得又何不一哉！萬物萬形，同於自得，其得一也」（《莊子・齊物論注》）。這樣，作爲存在的萬物只要能安於其性命就能同於自得而獲得其性。

萬物只有得其性才能「全其性分之內」，所以郭象言「若夫順物性而不治」才能「情不逆而經不亂，玄默成而自然得也」。物自成而性自得，性自得也就是萬物與其「實」合一。《莊子》有言：「舊國舊都，望之暢然。」（《莊子・則陽》）郭象注之：「得舊猶暢然，況得性乎！」舊，相當於個體的本性，得其本

性則萬物暢然。進一步，萬物「暢其性，各安其所安，無遠邇幽深，付之自若，皆得其極，則彼無不當而我無不怡也」(《莊子‧齊物論注》)，在性分的限域實現其極限，則萬物各得其所當。據此，萬物雖然在性分上劃爲彼我但在得性上卻能「彼無不當而我無不怡」，這樣也就化解了是非彼我之間的對待，實現萬物又混而爲一的「和」。萬物因得性而達天下之「和」，這才是聖人之道。實際上，萬物所得之性並不在物外，亦不假於道，萬物自生、自造而自得。

得性在於順、任萬物各自的性而不去干涉或推助，任物之自爾、無爲其間而使萬物用其自爲。郭象反對有爲，而崇尙自得、自爲，在郭象看來：「巧者有爲，以傷神器之自成；古無爲者，因其自生，任其自然，萬物各得自爲。蜘蛛猶能結網，則人人自有所能矣，無貴於工倕也」(《莊子‧天下注》)。由此，萬物之得性在於無爲，在於任自然而物各自得。

郭象強調萬物得性的重要，是因爲萬物一旦失性就會擾亂他物的存在，使本來可以自然的事物失去其常然而陷於混亂的境地。郭象不反對化，但他所言的化並不是一種混亂的狀態，必然是在性分之內進行的。失性就是萬物作爲存在偏離了自身，偏離了其所常然，而無法達到自化、自然、自爾。郭象在《莊子注》中充分揭示了失性的危害，以及闡釋如何能使萬物做到不失其性。郭象用臣妾不安於己任來比喻失性：「若皆私之，則志過其分，上下相冒，而莫爲臣妾矣。臣妾之才，而不安臣妾之任，則失矣。」(《莊子‧齊物論注》) 失性就是不安於己之所是而求慕於外，這樣彼我之間就會是非紛擾，不得安定。所以，只有各安其性才能做到性不失，而性不失也就是前面所言的得性。

萬物在性分的意義上千差萬別，大小多少彼我不一而足，但萬物之所以在這千差萬別當中能持存，就在於其能各安其性，小不慕大、少不慕多，彼我不歧。但是，萬物並不是能恒久地保持這種安於性命的狀態。總有一些「有爲」干涉萬物的存在。《莊子》曾這樣闡述「有爲」之害：

> 夫大道不稱，大辯不言，大仁不仁，大廉不嗛，大勇不忮。道昭而不道，言辯而不及，仁常而不周，廉清而不信，勇忮而不成。五者無成而幾向方矣！(《莊子‧齊物論》)

郭象注曰：

> 此五者，皆以有爲傷當者也，不能止乎本性，而求外無已。夫外不可求而求之，譬猶以圓學方，以魚慕鳥耳。雖希翼鸞鳳，擬規日月，此愈近彼，愈遠實，學彌得而性彌失。故齊物而偏尙之累去矣。

正是這些有爲，使萬物不能止乎本性，所以才要求於外。而求外則萬物則會
失去自己的性，所以郭象希望通過「無爲」來去除這些偏尙。「道、言、仁、
廉、勇」皆是人之所好，但是如果有意而爲之，則天下爭相效仿，在郭象看
來，效仿必然使萬物失去自己的眞性。郭象言：「彼，百姓也。汝，哀公也。
彼與汝各自有所宜，相效則失眞，此即今之見驗。」（《莊子・列禦寇注》）在
郭象看來百姓和哀公所具之性不同，而如相效則各失其性。所以在郭象看來，
這些「道、言、仁、廉、勇」等外在的東西，並不是萬物內在的規定，恰恰
是擾亂天下的原因，郭象言：

> 夫與物無傷者，非爲仁也，而仁迹行焉；令萬理皆當者，非爲義也，
> 而義功見焉。故當而無傷者，非仁義之招也。然而天下奔馳，棄我
> 殉彼，以失其常然。故亂心不由於醜，而恒在美色；撓世不由於惡，
> 而恒（由）〔在〕仁義。則仁義者，撓天下之具也。（《莊子・駢拇
> 注》）

只有去除這些有爲，萬物才能無傷。因此，想要避免失性，萬物就要自適己
性，不要求諸於外，《莊子》有言：「夫適人之適、而不自適其適，雖盜蹠與
伯夷，是同爲淫僻也」（《莊子・駢拇》）。郭象注曰：「苟以失性爲淫僻，則雖
所失之塗異，其於失之一也。」這個「其於失之一也」之「一」就是不能自
適而求於外，也就是不能無爲。所以，郭象言：「善爲士者，遺名而自得，故
名當其實而福應其身。自失其性而矯以從物，受役多矣，安能役人乎」。（《莊
子・大宗師注》）由此，可見失性之害。

《莊子》言：「夫天下之所尊者，富貴壽善也；所樂者，身安厚味美服好
色音聲也；所下者，貧賤夭惡也；所苦者，身不得安逸，口不得厚味，形不
得美服，目不得好色，耳不得音聲。若不得者，則大憂以懼，其爲形也亦愚
哉！」（《莊子・至樂》）郭象注之：「凡此，失之無傷於形，而得之有損於性。
今反以不得爲憂，故愚。」其愚在於，得之則有損於性。所以，這些看似很
好的東西，越是「聰明喫詬」則「失眞愈遠。」只有認識到「失性」之害，
才能使萬物回到其自身，而不羨於外，那麼如何才能做到不「失性」呢？郭
象非常重視「安」和「自得」也就是「各安其性」、「自得其性」，實際上就是
「無爲」，郭象言：

> 使群異各安其所安，眾人不失其所是，則己不用於物，而萬物之用
> 用矣。（《莊子・齊物論注》）

屬，惡人也。言天下皆不願爲惡，及其爲惡，或迫於苛役，或迷而
失性耳。然迷者自思復，而屬者自思善，故我無爲而天下自化。(《莊
子・天地注》)

想要不失性就不要干擾萬物的存在，「虛而順物，故眞不失」(《莊子・田子方
注》)，但是，不干擾並不是不爲，而是不妄爲。比如在莊子那裡，「穿落」之
爲在莊子看來是「有爲」，但是在郭象看來則是「無爲」。郭象認爲，萬物之
失性不在於外而在於內，人「落馬首，穿牛鼻」於人而言就是人之性，如果
於牛馬而言安於「穿落」則不能被認爲是失性。因爲穿落本是牛馬的天命。
所以，失性不在於穿落而在於不安。郭象認爲：「御其眞知，乘其自陸，則萬
里之路可致，而群馬之性不失。」(《莊子・馬蹄注》)忘其所爲，這樣萬物才
「各得其分而不自失者，故當付之，無所執爲也」(《莊子・刻意注》)。「無所
執爲」才是眞正的無爲，而這就是順任萬物之性而萬物之性自得。

萬物不失其性而自得就要順性、任物之性。這就是說不要干涉萬物之存
在，使萬物在其性分之內達到自己應有的「宜」、「正」、「當」。順性、任物之
性就是無己，「無己，故順物，順物而至矣」(《莊子・逍遙遊注》)，也就是任
物之自爲。在這裡，郭象十分重視無心，因爲無心是無己的重要表現，只有
做到無心，萬物才能不受外在事物的干擾，於己而言不求慕於外，於他物而
言不對於他物。所以，萬物才能各安己性，通於性同得。

所謂的「順」、「任」是因爲萬物在性分的意義上是有性的，這就是說萬
物在性的意義上有其「命」、「理」。但這個命、理並不是統一性的道，郭象言
「理」萬殊。萬物萬形，萬物萬理，而「物無不理，但當順之」(《莊子・知北
遊注》)。《莊子》云：

孔子曰：「何謂始乎故，長乎性，成乎命？」曰：「吾生於陵而安於
陵，故也；長於水而安於水，性也；不知吾所以然而然，命也。」
(《莊子・達生》)

在郭象看來：「此章言人有偏能，得其所能而任之，則天下無難矣。」順萬物
之所能，則天下無難，天下無難則事無所不成。郭象認爲：

事有必至，理固常通，故任之則事濟，事濟而身不存者，未之有也，
又何用心於其身哉！理無不通，故當任所遇而直前耳。若乃通道不
篤而悦惡存懷，不能與至當俱往而謀生慮死，吾未見能成其事者也。
(《莊子・人間世注》)

所以，萬物所順任的就不是一個統一的命、理，而是萬物各自的命、理。也
正是在這個意義上郭象認為堯治天下，是順任其性，與天下「無對」，而許由
辭天下，是以天下為「對」，因此郭象認為許由「稷契為匹矣」。所以郭象言：
「神人者，無心而順物者也。」（《莊子‧人間世注》）也就是不與物對，才能
成其事。郭象言：

> 故乘天地之正者，即是順萬物之性也；御六氣之辯者，即是遊變化
> 之途也；如斯以往，則何往之有窮哉！（《莊子‧逍遙遊注》）

在郭象看來，「順萬物之性」就是「乘天地之正」，所以，萬物才能各安其性，
萬物在各自的性分之內而達順天應人，「夫順天，所以應人也，故天和至而人
和盡也」（《莊子‧天道注》）。但是如何才能順任萬物呢？郭象認為最重要的就
是無心。郭象用「水」來形容「無心」。水是無心的，所以水在高為高、在下
為下。流與止不以己願而為，皆順於自然。因為，無心就沒有上下、高低、
好壞之分，萬物之間就是無際的，也就是說無心恰恰把萬物在性分上的差異
性給統一起來，成就萬物作為存在的統一性。所以郭象言：「任其天性而動，
則人理亦自全矣。」（《莊子‧達生注》）而任萬物自爾則是使萬物自得其性，
而達到其自身的「宜」、「正」、「當」。

二、宜、正、當

萬物既然於性分之內能得性也能失性，那麼就說明萬物的存在不是以自
生就能解釋得了的，自生、自造雖然否定了在萬物之外存在著所謂的造物主
或本體，但是萬物作為存在也自有其理、命，而這個理、命也就是萬物各自
的「宜」、「正」、「當」。

在《莊子》中有這樣一段話：

> 宋人有善為不龜手之藥者，世世以洴澼絖為事。其藥能令手不拘坼，
> 故常漂絮於水中也。客聞之，請買其方百金。聚族而謀曰：『我世世
> 為洴澼絖，不過數金；今一朝而鬻技百金，請與之。』客得之以說
> 吳王。越有難，吳王使之將，冬與越人水戰，大敗越人，裂地而封
> 之。能不龜手，一也；或以封，或不免於洴澼絖，則所用之異也。
> 今子有五石之瓠，何不慮以為大樽而浮於江湖，而憂其瓠落無所容？
> 則夫子猶有蓬之心也夫！（《莊子‧逍遙遊》）

莊子認為物之用雖然「一也」，但所用帶來的後果是不一樣的，在這裡莊子對

物之用的不同後果是有分際的，有所貶也有所揚。這段話在郭象看來則是物各儘其「宜」，「或以封，或不免於洴澼絖」都是盡物之「宜」。宋人和客在自己的性分之內得宜，不龜手之藥無論是「以封」還是「不免於洴澼絖」都是藥之宜，而「不龜手之藥」和「大樽」之用也是他們各自的宜。

　　在郭象看來：「物物有理，事事有宜。群分而類別也。」（《莊子‧齊物論注》）萬物雖然「群分而類別」，但也在自己的理或宜中，而不是雜亂排列，毫無所宗，這所宗就是萬物之宜，因此郭象言：「自然結固，不可解也。千人聚，不以一人爲主，不亂則散。故多賢不可以多君，無賢不可以無君，此天人之道，必至之宜」（《莊子‧人間世注》）。這個宗、主是不能去除的，但是郭象並不是說千人都以一人爲宗，而是用比喻的方法，來說明在性分之中萬物之宜的重要性，失去這個宜，就像千人失去一主一樣，「不亂則散」。但並不是要都宜於那個一，而是「眾之所宜者不一」。所以萬物都有各自的所宜，而不能相互效仿，相互效仿則萬物之宜盡失，萬物就會失性而不得，所以郭象言：「彼與汝各自有所宜，相效則失眞」（《莊子‧列禦寇注》）。

　　郭象在注《莊子‧養生主》中認爲庖丁之所以能以其道解牛「以無厚入有間」，就在於庖丁得其解牛之宜，而「得其宜則用力少。」所以，得物宜則順物而無礙，「各得其宜，則物皆我也」（《莊子‧庚桑楚注》）。郭象在《莊子序》中也讚揚莊子能「暢乎物宜，適乎民願」，故而「宏其鄙，解其懸，瀟落之功未加，而矜誇所以散。」可見，在郭象看來：「物各有宜，苟得其宜，安往而不逍遙也」（《莊子‧逍遙遊注》）。那麼，如何才能使萬物得其宜呢，郭象仍然言無心，「無心於物，故不奪物宜；無物不宜，故莫知其極」（《莊子‧大宗師注》）。只要做到無心，那麼就會不捨己而逐物，所以才能順性任物，則物各得其宜，萬物才能有所成。

　　「正」和「宜」一樣，也是萬物在「適性」、「變化」當中所要持守的內在標準，正在郭象《莊子注》中主要有兩個涵義：作爲動詞，正是端正、糾正；作爲名詞，正是正性、至正。郭象反對不同物之間的「相效」，對正性、至正之「正」、「自正」還是存肯定的態度的。如：

　　　天地者，萬物之總名也。天地以萬物爲體，而萬物必以自然爲正。
　　　自然者，不爲而自然者也。故大鵬之能高，斥鴳之能下，椿木之能
　　　長，朝菌之能短，凡此皆自然之所能，非爲之所能也。不爲而自能，
　　　所以爲正也。故乘天地之正者，即是順萬物之性也；御六氣之辯者，

> 即是遊變化之途也；如斯以往，則何往之有窮哉！（《莊子·逍遙遊
> 注》）

在郭象看來，自然就是萬物所遵循的正性和至正。郭象把自然理解為不為，所謂的不為就是順性而自能，所以郭象言「乘天地之正者，即是順萬物之性」。萬物自然而然，在其性分之內各自正，這就是萬物之「正性」。

《莊子》對正的問題也有所論述：

> 是故駢於明者，亂五色，淫文章，青黃黼黻之煌煌，非乎？而離朱
> 是已。多於聰者，亂五聲，淫六律，金石絲竹，黃鍾大呂之聲非乎？
> 而師曠是已。枝於仁者，擢德塞性以收名聲，使天下簧鼓，以奉不
> 及之法，非乎？而曾史是已。駢於辯者，累丸結繩竄句，遊心於堅
> 白異同之間，而敝跬譽無用之言，非乎？而楊墨是已。故此皆多駢
> 旁枝之道，非天地之至正也。（《莊子·駢拇》）

在莊子看來，各家皆以自為是而以人為非，所以未達至正。對此，郭象認為：

> 此數子皆師其天性，直自多駢旁枝，各自是一家之正耳。然以一
> 正萬，則萬不正矣。故至正者，不以己正天下，使天下各得其正
> 而已。物各任性，乃正正也。自此已下觀之，至正可見矣。以枝
> 正合，乃謂合為駢。以合正枝，乃謂枝為跂。以短正長，乃謂長
> （為）有餘。以長正短，乃謂短（為）不足。各自有正，不可以
> 此正彼而損益之。

莊子和郭象在否定「以己正人」這方面是相同的，但莊子對各家之言多有菲薄之意，在莊子那裡在各家之外還存在著「天地之至正。」而郭象則不同，他認為所謂的「至正」，就是「不以己正天下，使天下各得其正而已」（《莊子·駢拇注》）。所以，萬物各自有正，只要物能各任己性，這就是正正或至正。郭象一方面肯定了正性的存在，如郭象認為「萑葦害黍稷，欲惡傷正性」（《莊子·則陽注》）。另一方面又否定了正性的普遍性價值，正性實際上就是萬物順己之性而已，不以己正人也不以人正己。但是，物不正的情況是存在的，如果不自正，相效相跂則失性，「各正性命而自蒙己德，則不以此冒彼也。若以此冒彼，安得不失其性哉」（《莊子·繕性注》）。所以，萬物應該安於自己的性分，「各正性命之分也，不為其所不能」（《莊子·應帝王注》），在郭象看來性各自得正，則民無違心，這樣「禽獸猶各有以自存，故帝王任之而不為，則自成也」（《莊子·應帝王注》）。

至正實際上就是萬物之自正。郭象言：

> 是若果是，則天下不得復有非之者也；非若信非，則亦無緣復有是
> 之者也；今是其所同而非其所異，異同既具而是非無主。故夫是非
> 者，生於好辯而休乎天均，付之兩行而息乎自正也。各自正耳。待
> 彼不足以正此，則天下莫能相正也，故付之自正而至矣。天倪者，
> 自然之分也。是非然否，彼我更對，故無辯。無辯，故和之以天倪，
> 安其自然之分而已，不待彼以正之。（《莊子・齊物論注》）

萬物之所以失正就在於不能自正，不自正則有所待，有所待則失性，所以自
正就是安於自然之分。《莊子・德充符注》：「言特受自然之正氣者至希也，下
首則唯有松柏，上首則唯有聖人，故凡不正者皆來求正耳。若物皆有青全，
則無貴於松柏；人各自正，則無羨於大聖而趣之。幸自能正耳，非爲正以正
之。」這就是說雖松柏、聖人受自然之正氣，然而不足以以松柏、聖人來正
己，因爲這僅僅是自然之分，人與物還需要各自正，只有自正才能達至正。

「當」和「宜」、「正」一樣，是萬物得以自得的標誌，也就是說萬物能
成就自身的存在，都是不失「當」、「宜」、「正」的，但「當」和「宜」、「正」
又是沒有統一的標準，「宜」者「自宜」、「正」者「自正」，因此「當」者也
必然是「自當」。所以郭象言：「若天之自高，地之自卑，首自在上，足自居
下，豈有遞哉！雖無錯於當而必自當也。任之而自爾，則非僞也。」（《莊子・
齊物論注》）「當」、「宜」、「正」就是自然而然。

在郭象看來，萬物都是有當的，這個當使萬物得以成就其自身，「物皆有
當，不可失也。象天德者，無心而偕會也。無非至當之事也。常在當上住。
與會俱而已矣」（《莊子・刻意注》）。「常在當上住」就是說萬物不離自己的性
分。郭象言：

> 臣妾之才，而不安臣妾之任，則失矣。故知君臣上下，手足外內，
> 乃天理自然，豈眞人之所爲哉！夫臣妾但各當其分耳，未爲不足以
> 相治也。（《莊子・齊物論注》）

可見，不同的存在，其當也是完全不同的，所以臣要安臣之當；妾要安妾之
當，這樣萬物才不會互相相治，大鵬和小鳥各安己當，只有這樣才能達到無
窮、無困。所以，無論萬物如何相異、如何千變萬化，都是不離自己的當的。
郭象更用聲音中宮商變化來比喻：「夫聲之宮商雖千變萬化，唱和大小，莫不
稱其所受而各當其分。」（《莊子・齊物論注》）正因爲萬聲不同而各爲己當，

所以才有優美和諧的音律。而這種狀態，郭象稱爲「至當」，「至當」和「至正」一樣，都是用來形容萬物在自己的存在中與自己爲一而萬有無分的狀態，這種狀態實際上也就是郭象所言的「玄冥之境」。所以，人們要理解這個道理，不要脫離自己的當，郭象言：「人雖日變，然死生之變，變之大者也。彼與變俱，故死生不變於彼。斯順之也。明性命之固當。以化爲命，而無乖迕。不離至當之極」（《莊子·德充符注》）。「常在當上住」則不傷己性。所以，與己當爲一也就是止乎自己的本性。這樣才能達到自得和逍遙，郭象言：「夫小大雖殊，而放於自得之場，則物任其性，事稱其能，各當其分，逍遙一也，豈容勝負於其間哉」（《莊子·逍遙遊注》）。只有「任自然而居當」則死生憂患才不至於使萬物失去其性，進而萬物能各當其分，皆同於自得。所以郭象言：「若夫任自然而居當，則賢愚襲情而貴賤履位，君臣上下，莫匪而極，而天下無患矣。」（《莊子·在宥注》）

在郭象看來，這個當是萬物之天命，不可更改，所以在這個意義上而言，不是萬物是否有當的問題，而是如何「常在當上住」的問題了。郭象言：「人之生也，可不服牛乘馬乎？服牛乘馬，可不穿落之乎？牛馬不辭穿落者，天命之固當也。苟當乎天命，則雖寄之人事而本在乎天也。」（《莊子·秋水注》）那麼，如何才能做到呢？郭象認爲應該自當，「夫心之足以制一身之用者，謂之成心。人自師其成心，則人各自有師矣。人各自有師，故付之而自當」（《莊子·齊物論注》），也就是說不要有爲、有求，付之萬物之自然，萬物就會與當俱會。萬物之所以會失當，就在於萬物總是以己制物，那麼物就會失去自己的眞性。郭象言：「以己制物，則物失其眞。夫寄當於萬物，則無事而自成；以一身制天下，則功莫就而任不勝也。」（《莊子·應帝王注》）所以，要去除萬物有爲之制，不以己制人，不以一身制天下，這樣是非之情就不能影響萬物的存在，萬物無非是自當。

三、足、全、自得

如果說「宜」、「正」、「當」是萬物在自己的「性分之內」與自己的存在合而爲一內證標準的話，那麼「足」、「全」、「自得」則是這種合一內證的狀態，其實也就是「至宜」、「至當」、「至正」。在郭象看來，萬物順性得當就是「足」，萬物各順性則足，各自足則無求。因爲「足」，所以萬物就不會外求，這樣就能安而得，就能逍遙。郭象言：「苟足於其性，則雖大鵬無以自貴於小

鳥，小鳥無羨於天池，而榮願有餘矣。故小大雖殊，逍遙一也。」（《莊子・逍遙遊注》）所以，萬物都在自己的性分之內安而得性，則世事無不逍遙。

郭象認為，萬物自足於自己的天然，安於自己的性命，這個天然性命則是萬物之本，所以應該足於本，這樣萬物就是在「自得」的意義上「同於自得，其得一也」，這就是「至足」：

> 夫至足者，不以憂患經神，若皮外而過去。苟使和性不滑，靈府閒豫，則雖涉乎至變，不失其兌然也。泯然常任之。群生之所賴也。
> 順四時而俱化。（《莊子・德充符注》）

這個「至足」，則使萬物得一得存。郭象言：「夫至足者忘名譽，忘名譽乃廣耳。」（《莊子・天運注》）忘名忘譽，則萬物外不羨於人，內不逆於化，而冥然於己同，這也是「玄同」所要表達的意思。但是，萬物也存在不足的情況，不足則傷。《莊子》有言：

> 泉涸，魚相與處於陸，相呴以濕，相濡以沫，不如相忘於江湖。與其譽堯而非桀也，不如兩忘而化其道。（《莊子・大宗師》）

郭象和莊子的意思一致，與其不足兩傷不如兩忘俱得，如《莊子・大宗師注》「與其不足而相愛，豈若有餘而相忘！夫非譽皆生於不足。故至足者，忘善惡，遺死生，與變化為一」。在郭象看來：「各自足而相忘者，天下莫不然也。至人常足，故常忘也。」（《莊子・大宗師注》）只有「至足」，才能存身於世，容物於時，無往而不至。《莊子》有言：

> 公子牟隱机大息，仰天而笑曰：「子獨不聞夫埳井之蛙乎？」謂東海之鱉曰：「吾樂與！出跳梁乎井幹之上，入休乎缺甃之崖；赴水則接腋持頤，蹶泥則沒足滅跗；還虷蟹與科斗，莫吾能若也。且夫擅一壑之水，而跨跱埳井之樂，此亦至矣，夫子奚不時來入觀乎？」（《莊子・秋水》）

郭象解之：「此猶小鳥之自足於蓬蒿。」郭象與莊子的意思不同，並不是否定井底之蛙，而是認為那恰恰就是蛙之「至足」，如果蛙超越了它自己的足而去羨慕東海之鱉，那就是蛙之失了。所以，在郭象看來，「此自足於內，無所求及之貌。不求非望之利，故止於一家而足。混芒而同得也，則與一世而淡漠焉，豈國異而家殊哉！足性而止，無吞夷之欲故物全」（《莊子・馬蹄注》）。郭象所言的「物全」就是物在其性分上得全。而全則是和足一樣是萬物自得其性的狀態。

　　郭象非常重視「全」，雖然全也像足一樣是萬物存在的一種得性狀態，但是郭象更重視全在人世上的表現。比如他談全理、全生、道全，都是在人生之世的意義上談的。特別是在聖王治世之道的意義上，郭象更重視「全」：

　　　　聖人無心，任世之自成。成之淳薄，皆非聖也。聖能任世之自得耳，
　　　　豈能使世得聖哉！故皇王之迹，與世俱遷，而聖人之道未始不全也。
　　　　（《莊子・繕性注》）

　　郭象認為，人們現在多是重視聖王的迹、聖王的名，名、迹顯於外雖然對其他人有引導的意義，但是正是因為如此，人們就會固執於名、迹，這樣就會失去己性，這是一種有為，所以聖王不應執著於名、迹，而百姓應該明其所以迹，這樣人道事理才能全。那麼，「全」究竟是一種什麼樣的狀態呢？郭象實際上也沒有做具體的說明，他只是說全在成就萬物自身的存在上是十分重要的。郭象講神全、形全，也就是物得其性，所以才能無不順。無用、無為、任性這些都是使萬物近全得性的方法，郭象言：

　　　　夫無用者，泊然不為而群才自用，（自）用者各得其敘而不與焉，此
　　　　（以）無用之所以全生也。（《莊子・人間世注》）

　　　　無為而性命不全者，未之有也；性命全而非福者，理未聞也。故夫
　　　　福者，即嚮之所謂全耳，非假物也，豈有寄鴻毛之重哉！（《莊子・
　　　　人間世注》）

　　　　其任性而無所飾焉則淡矣。漠然靜於性而止。任性自生，公也；心
　　　　欲益之，私也；容私果不足以生生，而順公乃全也。（《莊子・應帝
　　　　王注》）

實際上，「無用」、「無為」、「任性」都是達到全的方法，也就是郭象所說的「全其性分之內」，也就是「達性命之情」，「是以達生之情者不務生之所無以為，達命之情者不務命之所無奈何也，全其自然而已」（《莊子・養生主注》）。全其自然也就是任性無為，自然自爾。

　　郭象還言才全、全生，認為達到才全內不亂己外不傷物。郭象言：「故付之而自當矣。夫命行事變，不捨晝夜，推之不去，留之不停。故才全者，隨所遇而任之。」（《莊子・德充符注》）郭象又言全生：「言得之於道，乃所以明其自得耳。自得耳，道不能使之得也；我之未得，又不能為得也。然則凡得之者，外不資於道，內不由於己，掘然自得而獨化也。夫生之難也，猶獨化而自得之矣，既得其生，又何患於生之不得而為之哉！故夫為生果不足以全

生，以其生之不由於己爲也，而爲之則傷其眞生也。」(《莊子・大宗師注》)
全生就是萬物得性之眞生。所以，要想得全就需要無爲，不自失於內不蕩於
外，無用恬淡，這樣全可得而性可存。所以郭象言：「亡陽任獨，不蕩於外，
則吾行全矣。天下皆全其吾，則凡稱吾者莫不皆全也。」《莊子》有言：

> 紀渻子爲王養鬥雞。十日而問：「雞已乎？」曰：「未也，方虛憍而
> 恃氣。」十日又問，曰：「未也。猶應向景。」十日又問，曰：「未
> 也。猶疾視而盛氣。」十日又問，曰：「幾矣。雞雖有鳴者，已無變
> 矣，望之若木雞矣，其德全矣，異雞無敢應者，反走矣。」(《莊子・
> 達生》)

郭象注之：「此章言養之以至於全者，猶無敵於外，況自全乎！」郭象認爲，
通過有爲而養全尙能無敵於外，那麼如果無爲自全，則更有甚者。所以，在
內不動己之聰明，在外不驅馳於物，自全而性得，此是莊子之意。人如能知
足而止，內外不傷，故得全：「足性而止，無呑夷之欲故物全」(《莊子・馬蹄
注》)。所以，郭象強調萬物要各守其分，這樣才能及天下，本己自然之性，任
性而動，「故天人之道全也」(《莊子・秋水注》)。

　　無論是「宜」、「正」、「當」還是「足」、「全」在郭象看來都是自得，「自
天地以及群物，皆各自得而已」(《莊子・天下注》)，沒有萬物之主，萬物也不
需要有個統一的所宗。只有這樣，萬物才能逍遙乎自得之場。郭象言：

> 時以上下誇跂，俯仰自失，此乃生民之所惑也。惑者求正，正之者
> 莫若先極其差而因其所謂。所謂大者至足也，故秋毫無以累乎天地
> 矣；所謂小者無餘也，故天地無以過乎秋毫。然後惑者有由而反，
> 各知其極。物安其分，逍遙者用其本步而遊乎自得之場矣，此莊子
> 所以發德音也。(《莊子・秋水注》)

在郭象看來，萬物之所以不能逍遙，就在於有所累、有所跂、有所師、有所
慕。而莊子之大意，在於去除這些有爲，「在乎逍遙遊放，無爲而自得」(《莊
子・逍遙遊注》)。因爲有爲則萬物累於外而傷於內，不能順性而得，以有爲爲
累，不能率其性而自得。因此郭象言：

> 無小無大，無壽無天，是以蟪蛄不羨大椿而欣然自得，斥鴳不貴天
> 池而榮願以足。苟足於天然而安其性命，故雖天地未足爲壽而與我
> 並生，萬物未足爲異而與我同得。則天地之生又何不並，萬物之得
> 又何不一哉！萬物萬形，同於自得，其得一也。(《莊子・齊物論注》)

所以，只有放之於自得之場，任人自爲，才能無不治。《莊子·應帝王注》：「問爲天下，則非起於大初，止於玄冥也。任人之自爲。莽眇，群碎之謂耳。乘群碎，馳萬物，故能出處常通，而無狹滯之地。言皆放之自得之場，則不治而自治也。」在郭象看來，自得之場就是任萬物自爲，這樣萬物就只是「自得其爲」，則「群生自足」，兼忘而自得，進而逍遙。自得是萬物得其性的過程，也是萬物成就自身存在的狀態。聖人治世之道，在於任世而自得，而聖人只有無心才能任世之自成。萬物順任而得性達己之全，順任是相對於萬物來說的，但人與物是不同的，人要順任己性不但要順任，還要無心。

第二節　無心

郭象言得性、失性，以順任使萬物不失其性而自得。實際上，郭象在《莊子注》中對萬物的存在是有區別的。在郭象看來，物之性無所謂失，物之所以會失性都是人對物施加了影響，所以郭象言：「夫物之形性，何爲而失哉！皆由人君撓之，以致斯患耳，故自責」（《莊子·則陽注》）。正是「人君撓之」使物不能保持自己的性，這就是人的有爲，在郭象《莊子注》中，對這種有爲做了很多論述，實際上這些有爲也恰恰是人的存在和物的存在之間的不同。人是有「知」的，人希望通過自己的知來實現對萬物的把握，但是人的知有總是有限的，人總是用有限之知來把握無窮之物，這就是「困」；在知的過程中，人用言來表達其對萬物的理解。但言是否能達到「意」一直是魏晉時期哲學家們爭論的問題；用知立言無非就是「立名」，儒家非常重視立名，《論語·子路》：「子曰：野哉！由也！君子於其所不知，蓋闕如也。名不正，則言不順；言不順，則事不成；事不成，則禮樂不興；禮樂不興，則刑罰不中；故君子名之必可言也，言之必可行也，君子於其言，無所苟而已矣。」但這在郭象看來，這些外在的名能引起人們的好惡之情，引起人們的是非之心，所以郭象認爲應該去名而爲實。正是因爲知、言、名作爲有爲破壞了萬物的存在，所以郭象認爲要「無心」。「無心」也就是順萬有，任萬化，郭象言：「世以亂故求我，我無心也。我苟無心，亦何爲不應世哉！然體玄而極妙者，其所以會通萬物之性，而陶鑄天下之化，以成堯舜之名者，常以不爲爲之耳」（《莊子·逍遙遊注》）。

　　萬物因為性分而有別，正是因為這些差異性使萬物以各自的存在為是，以他物的存在為非，在郭象看來，這都是以己制物的表現，因此郭象言無心，無心就是去除這些性分的分際和對待，達到無是無非。正是無心化解了萬物性分的差異性，在無心的意義上萬物達到了「齊一」，而這種齊一也就是郭象所言的玄冥，在郭象看來，「玄冥者名無而非無也」。玄冥不是無，它只是萬物之性分的無心狀態。萬物需要適性才能達到「性之適」，因此需要順任，而只有無心才能達到真正的順任。郭象言：「夫水常無心，委順外物，故雖流之與止，鯢桓之與龍躍，常淵然自若，未始失其靜默也。」（《莊子・應帝王注》）正是無心使萬物達其自然，萬物自然則各得其性。而且，也只有無心萬物才能任化而成，如郭象言：「常無心，故一不化。一不化，乃能與物化耳。化與不化，皆任彼耳，斯無心也」（《莊子・知北遊注》）。由此可見，「無心」上接「適性」無物不順，下達「獨化」無物不化，萬物在無心之中才能達於玄冥而至於大通。因此，無心是理解郭象《莊子注》的關鍵。無心則通天人、合物我而「神器獨化於玄冥之境」。郭象言：「彼是相對，而聖人兩順之。故無心者與物冥，而未嘗有對於天下也。」（《莊子・齊物論注》）可以看出，只有無心，才能真正達到知天，只有無心才能知道如何應物，才能知道如何成就帝王治世，如郭象言：「夫無心而任乎自化者，應為帝王也」（《莊子・應帝王注》）。

　　但是，萬物並不能時時保持無心，因為在萬物中，人是「有知」的。有知人就要去認識外物，就要以知識實現對外物的理解和把握，因此郭象認為，應該知止。實際上，在郭象的《莊子注》中，他並不是反對知，不是要取消知，而是要為知劃定界限。在郭象看來：「所不知者，皆性分之外也。故止於所知之內而至也。浩然都任之也。至人之心若鏡，應而不藏，故曠然無盈虛之變也。至理之來，自然無迹。任其自明，故其光不弊也。」（《莊子・齊物論注》）對於萬物之性分之外人是不需要去知的，知應該有所止，這個止就是萬物的性分之內。如果不知止，實際上就會造成對萬物存在的傷害。

　　人之知在於對萬物形成某種理解或認識在於立言，人們認為通過言可以實現物我之一體，達到人對物的把握。但是，在郭象看來，言有的時候恰恰是無法達到真正對萬物的把握的，如其在《莊子序》中對莊子的言進行了分析：

> 故未始藏其狂言，言雖無會而獨應者也。夫應而非會，則雖當無用；言非物事，則雖高不行；與夫寂然不動，不得已而後起者，固有間矣，斯可謂知無心者也。夫心無為，則隨感而應，應隨其時，言唯謹而

莊子未藏其狂言，但是莊子之「言」是無「會」的，所以，雖當而無用，雖高而不行。在郭象看來，莊子只是用言把握了無心之知，而重要的應該在於「心無爲」，這才是眞正的無心。當然，這是郭象對莊子之言的內容上批評，但在一定程度上也可以看到郭象對言所持有的態度。言意之辯在魏晉時期很盛行，實際上並不是爲了辯論而去辯論，其實質在於「本末」、「名實」、「體用」的問題。所以，郭象有充分的自覺，知道言的有限性，通過和「意」對待理解，希望能達到言意之「會」。

　　用知立言，實際上就是通過有爲達到對萬物的把握，形成名教以教化萬民。而郭象對名也持有謹愼的態度，在郭象看來：

> 夫堯舜帝王之名，皆其迹耳，我寄斯迹而迹非我也，故駭者自世。
> 世彌駭，其迹愈粗。粗之與妙，自途之夷險耳，遊者豈常改其足哉！
> 故聖人一也，而有堯舜湯武之異。明斯異者，時世之名耳，未足以
> 名聖人之實也。故堯舜者，豈直一堯舜而已哉！是以雖有矜愁之貌，
> 仁義之迹，而所以迹者故全也。（《莊子・在宥注》）

所謂的聖人之「名」，僅僅是聖人之「迹」，不是聖人之「實」，聖人之「實」在其「所以迹」。所以，名未必一定就能指實。而且，一旦人們只爲「名」而不爲「實」，則會本末不分，必亂於世。「有彼我之名，故反；各得其實，則順。」（《莊子・庚桑楚注》）應該忘名而取實，無心而任化，郭象言：「善爲士者，遺名而自得，故名當其實而福應其身。自失其性而矯以從物，受役多矣，安能役人乎」（《莊子・大宗師注》）。

　　由此，無論是知還是言還是名都是人的有爲，有爲則傷物，所以郭象希望通過無心消除有爲對物之傷害，郭象強調不但要「知無心」更要「心無爲」。在郭象看來：「天下異心，無心者（爲之）主也。」（《莊子・天地注》）異心之異是指性之有分，而應以無心之無才能「一」之，所以無心爲異心之主。雖然無心爲主，但無心並不是有爲，而是無爲。所以，神人無心而順物。天地雖大，萬物雖多，無不以無心爲宗主。

　　所以，做到無心者便是神人、聖人，才能順萬物，任萬性而淡然自若。《莊子・大宗師注》：「故聖人常遊外以（宏）〔冥〕內，無心以順有，故雖終日（揮）〔見〕形而神氣無變，俯仰萬機而淡然自若。」如果無心則能任事自成，而事不自用，則天下大順，天下大順則無往而無不可，如郭象言：「聖人無心，任世之自成。成之淳薄，皆非聖也。聖能任世之自得耳，豈能

使世得聖哉！故皇王之迹，與世俱遷，而聖人之道未始不全也」（《莊子·繕性注》）。

但是如何才能無心呢？這就需要遣有涯之知、忘不達之言、去累形之名而入無窮之化。所以郭象認為無心必任萬物之自化。天地變化無常，不是人心所能把握，因而需要無心而應物，惟變是從，「雖變化無常，而常深根冥極也。無心而隨物化」（《莊子·應帝王注》）。所以郭象言：

> 是以無心玄應，唯感之從，泛乎若不繫之舟，東西之非己也，故無行而不與百姓共者，亦無往而不為天下之君矣。（《莊子·逍遙遊注》）
> 動出無心，故萬物從之，斯蕩蕩矣。故能存形窮生，立德明道，而成王德也。（《莊子·天地注》）

因此，郭象非常重視無心而任自化，在他看來只有無心萬物才能無不順，萬物無不順則化自化，而萬物必自成，所謂「直無心而恣其自化耳，非將迎而彌順之」（《莊子·知北遊注》）。而這正是天下聖人、神人「無心」之旨：「言夫無心而任化，乃群聖旨所遊處。」（《莊子·知北遊注》）

一、絕學而去知

在郭象看來，「知」是一種有為，是人對萬物的一種抽象化的理解。在郭象那裡，「知」既有名詞的意思「智慧」、「知識」，如「有真人，而後天下之知皆得其真而不可亂也」（《莊子·大宗師注》）。又有動詞的意思「求知」、「知道」，如「若自知其所不知，即為有知。有知則不能任群才之自當」（《莊子·齊物論注》）。但無論名詞還是動詞，都代表了人對萬物的有為之心。所以，郭象言「無心」首先要解決「知」的問題。

郭象在《莊子注》中並不是否定知的，雖然他也有很多批評知的話，但他的意思是不要以己知為全知。知是有限度的，有極的。在知的限度之內不要奢求其外，性分之表聖人無感，故而不言。在郭象看來：

> 尚名好勝者，雖復絕臏，猶未足以慊其願，此知之無涯也。故知之為名，生於失當而減於冥極。冥極者，任其至分而無毫銖之加。是故雖負萬鈞，苟當其所能，則忽然不知重之在身；雖應萬機，泯然不覺事之在己。此養生之主也。以有限之性尋無極之知，安得而不困哉！已困於知而不知止，又為知以救之，斯養而傷之者，真大殆也。（《莊子·養生主注》）

《莊子》也認為：「目知窮乎所欲見，力屈乎所欲逐，吾既不及已夫！」(《莊子・天運》)《莊子》的意思是說物之知力，各有所齊限，以有限之生去追逐無窮之知，必然使人陷入困境，而你陷入困境之後又希望通過知的方式來解決，就會陷入更大的困境。但《莊子》並沒有明確如何解決這個問題，郭象認為要知止：「故止於所知之內而至也」(《莊子・齊物論注》)。

知實質上是人通過自己的活動把握這個世界的一種方式，西方哲學歷來對知非常重視，一度成為西方哲學的中心問題。但是在中國哲學裏，因其更關心人的安身立命之本，而這個本是無法通過知來把握的，所以中國哲學對知的重視不如西方，中國哲學中更重視「悟」。在這裡不去區分「知」和「悟」的區別，而是明白作為人和世界打交道的一種方式，知是避免不了的。郭象言：「知雖落天地，事雖接萬物，而常不失其要極，故天人之道全也。」(《莊子・秋水注》) 所以，郭象並不是要否定知，而是要明知的「要極」，明知的「止」。

「知」首先是人的一種活動，就是去以知識的方式去把握世界。但是如何理解郭象的「知」呢？郭象言：

> 都不知，乃曠然無不任矣。以其不知，故未敢正言，試言之耳。魚遊於水，水物所同，咸謂之知。然自鳥觀之，則向所謂知者，復為不知矣。夫蛣蜣之知在於轉丸，而笑蛣蜣者乃以蘇合為貴。故所同之知，未可正據。所謂不知者，直是不同耳，亦自一家之知。己不知其正，故試問女。此略舉三者，以明萬物之異便。此略舉四者，以明美惡之無主。此略舉四者，以明天下所好之不同也。不同者而非之，則無以知所同之必是。夫利於彼者或害於此，而天下之彼我無窮，則是非之竟無常。故唯莫之辯而任其自是，然後蕩然俱得。(《莊子・齊物論注》)

在郭象看來，知都是有限度的或者說有範圍的，也就是說知僅僅在一個限度或範圍內使用，不可超出這個範圍。所以，要想真正達到知也就是真知就不要固於己知，要「都不知」。這個都不知不是不去知而是要曠然無不任，就是不固執於己知，所以才能「無是非之辯」然後才能「蕩然俱得」。否則的話，固執己知就會產生紛爭衝突，所以郭象認為，不能固執，一切都自然而然，「夫目之能視，非知視而視也，不知視而視，不知知而知耳，所以為自然」(《莊子・庚桑楚注》)。

郭象如此言不知止之害：

> 羿，古之善射者。弓矢所及爲彀中。夫利害相攻，則天下皆羿也。自
> 不遺身忘知與物同波者，皆遊於羿之彀中耳。(《莊子·德充符注》)

> 將爲胠篋、探囊、發匱之盜而爲守備，則必攝緘縢、固扃鐍，此世
> 俗之所謂知也。然而巨盜至，則負匱、揭篋、擔囊而趨，唯恐緘縢、
> 扃鐍之不固也。然則鄉之所謂知者，不乃爲大盜積者也？(《莊子·
> 胠篋》) 郭象注之：「知之不足恃也如此。」

> 然知以無涯傷性，心以欲惡蕩眞，故乃釋此無爲之至易而行彼有爲
> 之至難，棄夫自舉之至輕而取夫載彼之至重，此世之常患也。(《莊
> 子·人間世注》)

郭象舉這些例子，就是讓人們明白，知是有限度的，不足恃，如果先知而後
爲，不能任乎自然，只能產生僞，「若知而後爲，則（知）僞也」(《莊子·庚
桑楚注》)。所以，郭象不但認爲適性需要任物、順性，知也是要各安己性。這
樣，在有物之域存在各安己知，不外慕、外求，便能「全其性分之內」。

「學」和「知」一樣，也是人對世界的一種有心之爲，所以郭象反對學，
認爲學會使人失去自己的性分而去追逐於外，他認爲：「外不可求而求之，譬
猶以圓學方，以魚慕鳥耳。雖希翼鸞鳳，擬規日月，此愈近彼，愈遠實，學
彌得而性彌失。故齊物而偏尙之累去矣」(《莊子·齊物論注》)，這種學越多則
失就越多。

所以，在郭象看來，眞正的知不是來源於學，「夫由知而後得者，假學者
耳，故淺也」(《莊子·知北遊注》)。眞正的知是因循自己的性分，安於性分之
內。所以，在郭象看來，眞正的至者是不學的，「故學者不至，至者不學也。」
郭象之所以這麼反對學就是因爲學往往使人產生相效之心，彼此相效則不能
使萬物安於自己的性分，這樣就會產生紛亂，如《莊子·養生主注》「夫師一
家之知而不能兩存其足，則是知之（無）所〔無〕柰何。若以右師之知而必
求兩全，則心神內困而形骸外弊矣，豈直偏刖而已哉」。在郭象看來：

> 夫無心者，人學亦學。然古之學者爲己，今之學者爲人，其弊也遂
> 至乎爲人之所爲矣。夫師人以自得者，率其常然者也；舍己效人而
> 逐物於外者，求乎非常之名者也。夫非常之名，乃常之所生。故學
> 者非爲幻怪也，幻怪之生必由於學；禮者非爲華藻也，而華藻之興
> 必由於禮。(《莊子·德充符注》)

所以，學人者、師人者都是不能率己之性，而是追逐於外，不能成就己性，「由外入者，假學以成性者也」，「傚之則失我，我失由彼，則彼爲亂主矣。夫天下之大患者，失我也」（《莊子・胠篋注》）。所以，郭象提出絕學去教，萬物都歸於自然。只有絕於「學、教」，所以物都會安於自己的性分，不互相效法，而各適其性，無心而順有則未有不得逍遙的。

在郭象那裡，如果無心的話就要絕學去知，實際上就是去掉人的有爲之心，《莊子》有言：

> 則知者不言，言者不知，而世豈識之哉？桓公讀書於堂上。輪扁斫輪於堂下，釋椎鑿而上，問桓公曰：敢問，公之所讀者何言邪？公曰：聖人之言也。曰：聖人在乎？公曰：已死矣。曰：然則君之所讀者，古人之糟魄已夫！桓公曰：寡人讀書，輪人安得議乎？有說則可，無說則死。輪扁曰：臣也以臣之事觀之。斫輪，徐則甘而不固，疾則苦而不入。不徐不疾，得之於手而應於心，口不能言，有數存焉於其間。臣不能以喻臣之子，臣之子亦不能受之於臣，是以行年七十而老斫輪。古之人與其不可傳也死矣，然則君之所讀者，古人之糟魄已夫！（《莊子・天道》）

郭象解之：「此絕學去知之意也。此言物各有性，教學之無益也。當古之事，已滅於古矣。雖或傳之，豈使古在今哉！古不在今，今事已變，古絕學任性，與時變化，而後至焉。」《莊子》中的這個故事主要是爲了表明言外之意是很難用言表達出來的，因此法聖王之道法的僅僅是聖王之「迹」而不是聖王的「所以迹」。「所以迹」是無法傳也無法學的。郭象進一步發揮了這個思想，認爲既然無法教也無法學，那就應該絕學去知，而各任己性，隨時變化，這樣才能「至」。所以郭象言：

> 爲知者不能知，而知自知耳。自知耳，不知也，不知也則知出於不知矣；自爲耳，不爲也，不爲也則爲出於不爲矣。爲出於不爲，故以不爲爲主；知出於不知，故以不知爲宗。是故眞人遺知而知，不爲而爲，自然而生，坐忘而得，故知稱絕而爲名去也。（《莊子・大宗師注》）

在郭象看來，只能付之以不知，不知不是不去知，而是自然之知，不爲之知。用郭象的話說就是「遺知而知」。只有這樣，順其自然，不與他物相對待，與物「玄同」，則無不至，才能「坐忘而得」。

二、入於無言無意之域

　　「言意之辯」是魏晉時期一個非常重要的問題，玄學家們對這個問題的探討比較深入，只是到了郭象，雖然其注《莊子》多用「寄言出意」的方法，但是已經不停留在「言意之辯」的水平上來探討「言意」問題了。在郭象看來，無論是「言」還是「意」，都是人對萬物存在的一種理解、一種表達。不管言是否達意，言和意對人來說都是一種心上的有爲。郭象認爲，這種「有爲」會使人停留在「言意之表」，而一旦執於言意，便會認爲所言、所意便是眞正的存在，而無法與物達到冥合。所以，郭象提出要離言去意，達於「無言無意」之境，實際上無言無意之境也就是「冥冥之境」，也就是「玄冥之境」。

　　所謂的言實際上是人的知、學等活動對萬物存在的一種表達和理解。如郭象就把《莊子》一文稱爲是莊子的狂言，稱莊子「未始藏其狂言」。《莊子‧天地注》：「夫莊子之言不可以一塗詰，或以黃帝之迹禿堯舜之脛，豈獨貴堯而賤禹哉！故當遺其所寄，而錄其絕聖棄知之意焉。」這裡的言實際上就是指莊子用以表達自己思想的一種方式，在一定意義上指所能看到的莊子的「文本」，當然，「言」很多時候也指聽到的別人說的話。

　　在郭象看來，言的活動雖然是對世界存在的一種理解和把握，但是世界的存在卻不依賴於言：「夫物有自然，理有至極。循而直往，則冥然自合，非所言也」（《莊子‧齊物論注》）。言所指向的萬物是自然、自爾的，只要循而直往便能冥然自合。郭象雖然不反對言，但其更重視「忘言」：「夫言者，風波也，故行之則實喪矣。故遺風波而弗行，則實不喪矣。夫事得其實，則危可安而蕩可定〔也〕」（《莊子‧人間世注》）。郭象這裡所說的忘言不是不言，而是不以言爲「物事」，這樣「物事」自然同自己冥合，萬物得實而不離自己的性分，則「危可安而蕩可定」。在郭象看來，如果人只是執著於言，而不能任物止實，則必然引起是非爭辯，必然導致混亂，「夫騁其奇辯，致其危辭者，未曾容思於橋杌之口，而必競辯於楊墨之間，則楊墨乃亂群言之主也」（《莊子‧人間世注》）。正是在這種言上的爭論，使人們不能和自己的性分相合，而留於言意之表。

　　在郭象看來，「道在自然」不是通過言就可以表達得了的，所以，郭象言「故爲吻然自合之道，莫若置之勿言，委之自爾也」（《莊子‧齊物論注》）。「委之以自爾」，就是忘言、不言，這樣萬有就會冥然和自己爲一，而不違於己性。只要明這個自然，人就不會執於言而是任物自爾，「明夫自然者，非言知之所

得，故當昧乎無言之地」（《莊子‧知北遊注》）。這樣，人在「無言之地」，才能隨順變化，無所知、學，才能真正與己冥合。

在郭象《莊子注》中，「意」和「言」一樣，也是人通過有心之為對萬物存在的一種理解和把握，只是意比言更難以表達。所以郭象注《莊子》的方法也是「寄言出意」，但無論是言還是意在實質上都是有為，所以郭象反對執著於言意，而是希望入於「無言無意」之境。

一般意主要是指「思想內容」、「意思」、「涵義」等等，如郭象言：「鵬鯤之實，吾所未詳也。夫莊子之大意，在乎逍遙遊放，無為而自得，故極小大之致，以明性分之適。達觀之士，宜要其會歸而遺其所寄，不足事事曲與生說。自不害其弘旨，皆可略知耳。」（《莊子‧逍遙遊注》）在這裡，意實際上指的就是《莊子》的思想內容或「涵義」，也就是《莊子》一書的「所指」。如《莊子》有言：「今而夫子，亦取先王已陳芻狗，聚弟子遊居寢臥其下。故伐樹於宋，削迹於衛，窮於商周，是非其夢邪？圍於陳蔡之間，七日不火食，死生相與鄰，是非其眯邪？」（《莊子‧天運》）郭象解之：「此皆絕聖去知之意耳，無所稍嫌。夫先王典禮，所以適時用也。時過而不棄，即為民妖，所以與矯効之端也。」這個「絕聖去知之意」的意指的就是《莊子》中那句話所表達出來的「涵義」。

在表達「言」的涵義方面，郭象對「意」並不執否定的態度，關於言意之間的關係，郭象也並沒有進行深入的探討，在郭象《莊子注》中，經常是言意並提，並沒賦予意以更高的價值或意義。意僅僅是一種對萬物的理解，同言一樣是一種表達或表徵。郭象言：

> 夫知禮意者，必遊外以經內，守母以存子，稱情而直往也。若乃矜乎名聲，牽乎形制，則孝不任誠，慈不任實，父子兄弟，懷情相欺，豈禮之大意哉！（《莊子‧大宗師注》）

郭象經常言意並提，「求道於言意之表則足。不能忘言而存意則不足」（《莊子‧則陽注》）。在郭象看來，言和意都不能完全表達道的真實內涵，所以應該忘言，求道於「言意之表」，這樣才能足，實際上這裡的足就是前面所說的全，也就是「玄冥之境」。《莊子‧則陽》有言：「可言可意，言而愈疏。」郭象解之：「故求之於言意之表而後至焉。」《莊子‧徐无鬼》：「有暖姝者，有濡需者，有卷婁者。所謂暖姝者：學一先生之言，則暖暖姝姝，而私自說也；自以為足矣，而不知未始萬物也。」郭象解之：「意盡形教，豈

知我之獨化於玄冥之境哉？」在《莊子》中，莊子否定言的作用，認爲言是對萬物的疏離。所以在郭象看來，只有去除言意的有限性，才能眞正達到「玄冥之境」。

　　在郭象看來，言和意僅僅是對萬物的一種把握，而需要關注的卻是萬物自身的存在，因此不能把言和意就當作萬物的存在了。言和意不過人到達萬物自身存在的一種手段或途徑，而萬物自己成就自身才是最關鍵的。《莊子》有言：

　　　　夫精粗者，期於有形者也；無形者，數之所不能分也；不可圍者，
　　　　數之所不能窮也。可以言論者，物之粗也；可以意致者，物之精也；
　　　　言之所不能論，意之所不能察致者，不期精粗焉。（《莊子·秋水》）

郭象解之：「有精粗矣，故不得無形。夫言意者，有也；而所言所意者，無也。故求之於言意之之。唯無而已，何精粗之有哉！表，而入乎無言無意之域而後至焉。」《莊子》有言：

　　　　世之所貴道者書也，書不過語，語有貴也。語之所貴者意也，意有
　　　　所隨。意之所隨者，不可以言傳也，而世因貴言傳書。世雖貴之，
　　　　我猶不足貴也，爲其貴非其貴也。（《莊子·天道》）

郭象解之：「其貴恒在意言之表。」所以，在郭象看來，「貴」不在「言意」而在「言意」之外，郭象解釋「表」是「入乎無言無意之域而後至焉。」所以，郭象強調「無言」、「不言」、「忘言」。《莊子》有言：

　　　　地有大美而不言，四時有明法而不議，萬物有成理而不說。（《莊子·
　　　　知北遊》）

郭象解之：「此孔子之所以云『予欲無言』。」

　　在《莊子》中，莊子明確否定言的有限性，但是對於意，還存有期望，認爲言無法表達的可以通過意來獲得。但在郭象這裡，言意都是有爲，都應該否定。實際上，郭象之所以重視「無言」、「不言」、「忘言」就是希望人們不要執著於言意，執著於超越萬物存在自身存在之外的東西。最終的目的還是要達到無心、無己。而只有在無心的意義上無言才是眞正的無言。《莊子·徐无鬼注》：「苟所言非己，則雖終身言，故爲未嘗言耳。是以有喙三尺，未足稱長。凡人閉口，未是不言。」郭象之所以說「凡人閉口，未是不言」，就是說「無言」不是閉口，而是無心。

三、名極而實當

「名」和「言」一樣，是人對萬物存在的一種把握。在郭象《莊子注》中，名不但有名詞的稱謂，指名稱、聲名，也有動詞的稱謂指命名。無論是動詞還是名詞，在郭象看來都是有為之心的產物，都容易使萬物脫離自己的存在，而無法達到逍遙，都是需要在無心的意義上消解掉的有為。

在郭象看來，「夫名者，天下之所共用（者也）」（《莊子·天運注》），這個名指的是名稱。類似的說法還有：「大塊者，無物也。夫噫氣者，豈萬物哉？氣塊然而自噫耳。物之生也，莫不塊然而自生，則塊然之體大矣，故遂以大塊為名。」（《莊子·齊物論注》）「故天者，萬物之總名也。」（《莊子·齊物論注》）「大塊」、「天」都是標識著一種存在，是萬物存在之名。另外，名還有命名的意思，如「聖人者，物得性之名耳，為足以名其所以得也」（《莊子·逍遙遊注》）。這裡，第一個名是名稱，第二個名就是命名。

名作為對事物的指稱，是中性的。但是，名作為人們趨向的價值或利益時，名就變成一種外在的桎梏。如「夫名高則利深，故修德者過其當」（《莊子·外物注》）。「夫聖人因物之自行，故無迹。然則所謂聖者，我本無迹，故物得其迹，迹得而強名聖，則聖者乃無迹之名也。」（《莊子·讓王注》）名高利深是說聲名高，所代表的利益或所帶來的利益就大，因此也就容易使人產生求慕之心。強名指的使有些存在是無法命名的，只能以強名的方式來把握，意在提醒人們，名無非是外在的和後天的，不值得把名看得那麼重要。

首先郭象要打破是非之名。因為是非無非是以一己之見而言「全」，所以難免偏頗。郭象言：

> 道焉不在！言何隱蔽而有真偽，是非之名紛然而起。皆存。皆可。夫小成榮華，自隱於道，而道不可隱。則真偽是非者，行於榮華而止於實當，見於小成而滅於大全也。……欲明無是無非，則莫若還以儒墨反覆相明。反覆相明，則所是者非是而所非者非非矣。非非則無非，非是則無是。（《莊子·齊物論注》）

所以，在郭象看來，無論是是還是非作為名而言，都是相對的，沒有絕對的是非，所以要「反覆相明」，才能達到「無是無非」。

第二，聲名所帶來的外在利益容易引起人們的貪欲，所以也應該破除。郭象言：

為義則名彰，名彰則競興，競興則喪其真矣。父子君臣，懷情相欺，
雖欲偃兵，其可得乎！（《莊子·徐无鬼注》）

龍逢比干，居下而任上之憂，非其事者也。不欲令臣有勝君之名也。
夫暴君非徒求恣其欲，復乃求名，但所求者非其道耳。惜名貪欲之
君，雖復堯禹，不能勝化也，故與眾攻之，而汝乃欲空手而往，化
之以道哉？（《莊子·人間世注》）

可見，貪名則會喪真，貪名則會失道，貪名則無法真正逍遙。所以，在郭象
看來凡是「皦然廉清，貪名者耳」都「非真廉也」。

最後，也存在名實不符的情況。如：

昔吾未覽莊子，嘗聞論者爭夫尺棰連環之意，而皆云莊子之言，遂
以莊生為辯者之流。案此篇較評諸子，至於此章，則曰其道舛駁，
其言不中，乃知道聽途說之傷實也。（《莊子·天下注》）

郭象在「未覽《莊子》」之前，將莊子歸於「辯者之流」，只是因為「道聽途
說」，莊子外在之名和莊子的內在之實是不相符的。

從以上三點可以看出，名雖然有助於人對世界的把握，但也存在著諸多
的問題，所以郭象認為應該在「名」上「無心」，這樣才能「名極而實當」。
所以郭象言：

夫聖人之心，極兩儀之至會，窮萬物之妙數。故能體化合變。無往
不可，磅礴萬物，無物不然。世以亂故求我，我無心也。我苟無心，
亦何為不應世哉！然體玄而極妙者，其所以會通萬物之性，而陶鑄
天下之化，以成堯舜之名者，常以不為為之耳。孰弊弊焉勞神苦思，
以事為事，然後能乎！（《莊子·逍遙遊注》）

正因為不為，正因為遺名，所以名的害處才不會顯現，才不會對萬物的存在
形成干擾，這樣萬物才能在自己的性分之內無心而自化，與自己的實冥然合
一，而不為外在的名所牽制。

從關於名的闡述中可以看出，郭象非常重視「實」。郭象言：「庖人尸
祝，各安其所司；鳥獸萬物，各足於所受；帝堯許由，各靜其所遇；此乃
天下之至實也。各得其實，又何所為乎哉？自得而已矣。故堯許之行雖異，
其於逍遙一也。」（《莊子·逍遙遊注》）在郭象看來，只有安於、足於、靜
於實際上就是無為，才能達到至實，而如果萬物各得其實，實際上就達到
了逍遙。

「實」實際上指稱的是萬物和其自身存在合一的那種狀態，也就是說萬物得性不離自身而與自己冥合的那種狀態。因此，郭象認爲萬物皆有「實」，「萬物雖頡滑不同，而物物各自有實也」（《莊子‧徐无鬼注》）。雖然物各有實，但是很多人卻把名當作實，而不理解實的眞正內涵，如郭象言：「堯舜者，世事之名耳；爲名者，非名也。故夫堯舜者，豈直堯舜而已哉？必有神人之實焉。今所稱堯舜者，徒名其塵垢粃糠耳」（《莊子‧逍遙遊注》）。所以說，應該知道和關注的是堯舜之實而不是堯舜之名。名不過是一種外在的指稱，不具有實在性的意義，對萬物的存在而言是人心上的有爲，因此郭象強調應該無心才能去名止實。郭象言：

> 既得心齋之使，則無其身。放心自得之場，當於實而止。譬之宮商，
> 應而無心，故曰鳴也。（《莊子‧人間世注》）

所以，郭象強調實的重要性，就是希望人們不要爲了外在的名而忘記自身的實。郭象對實的重視也說明其將理論的目光轉向萬物自身的存在，不但是轉向自身，更是轉向存在。所以郭象認爲萬物應該「各當其實，故由名而實不濫也」（《莊子‧天道注》）。所以就要無心、虛心，不無心、不虛心、則不能順任萬物之實。所以，只有做到無心、虛心才能御群實。

在郭象看來，名應該止於實，也就是說實才是萬物的最後歸宿，如果僅僅停留在名上，就會失性就會被他物所役，如郭象言：「善爲士者，遺名而自得，故名當其實而福應其身。自失其性而矯以從物，受役多矣，安能役人乎」（《莊子‧大宗師注》）。如何止名於實呢？就是要無爲。所以郭象說：「名止於實，故無爲；實各自爲，故無不爲。」（《莊子‧則陽注》）正是因爲不爲，所以實才能各自爲而不受外在因素的干擾，這樣萬物的存在才能不離於自己的當。郭象言：

> 夫自任者對物，而順物者與物無對，故堯無對於天下，而許由與
> 稷契爲匹矣。何以言其然邪？夫與物冥者，故群物之所不能離也。
> 是以無心玄應唯感之從，泛乎若不繫之舟，東西之非己也，故無
> 行而不與百姓共者，亦無往不爲天下之君矣。以此爲君，若天下
> 自高，實君之德也。若獨兀然立乎高山之頂，非夫人之有情於自
> 守，守一加之偏尚，何得專此！此故俗中之一物，而爲堯之外臣
> 耳。若以外臣代乎內主，斯有爲君之名而無任君之實也。（《莊子‧
> 逍遙遊注》）

在郭象看來，堯雖然為人君，但卻能順物與物無對，因而堯不但有君之名，更有君之實，而在這個意義上許由則有對，與「社稷為匹」。因此郭象認為「山林之中」的隱士如果僅僅是貪名，只是俗中一物。也正是在這個意義上，郭象認為如果不能虛心、順物，如果有對於天下，則雖名有「任君之名」，而實「無任君之實」。所以，郭象言：「名當其實則高（名）〔明〕也」（《莊子・天運注》）。《莊子・則陽》言：「有名有實，是物之居；無名無實，在物之虛。」郭象解之：「指名實之所在。物之所在，其實至虛。」這個至虛指的就是實之所在，也就是「名極」之處，「名極而實當也」。所以郭象認為只有在「無名無言之域」才能達到「名極」才能達到「至實」，「凡名生於不及者，故過仁孝之名而涉乎無名之境，然後至焉。」（《莊子・天運注》）

第三節　與化為體

　　郭象言「適性」、「無心」，就是要消除人對他物或他人存在的影響，而任物自生、自成、自化。郭象非常重視化，在《莊子序》中把《莊子》的思想主旨把握為「神器獨化於玄冥之境」。可見化在郭象思想中的重要地位。郭象之所以重視化，和他所要達到的價值理想是分不開的，也是和前面他所建立起來的有物之域萬物「物各有性」、「性各有極」分不開的。郭象一開始就要破除宇宙生成論，要去掉那個能生成萬物的本體之本的實在性意義。只有去掉這個本體之本，那麼存在個體才能完全不依靠外在的根據而轉回自身，這樣言「物各有性」、「性各有極」才有意義。否則，如果萬物的存在依靠一個外在的本，那麼萬物的存在就會受到制約。如果這個本是不存在的，那麼萬物的存在就不會尋找外在的根據，萬物之生、之成都是自生、自成。

　　化歷來是道家思想中的重要概念，無論是老子還是莊子，都非常重視對化的闡解。老子和莊子所言的道在一定意義上而言就是這個化所要遵循的本。在郭象這裡，由於他取消了萬物生成的本根，因此化所要遵循的是什麼就成為了問題。對於這個問題，郭象用「自化」和「獨化」來解決，就是萬物在自己的性分之內「自化」和「獨化」。在化的意義上，沒有一個統一性的標準可以遵循，如果說有的話也只是「自然」。萬物之「自化」和「獨化」實際上就是萬物存在於自己的化中，在自己的化中和自己保持一致，也和他物彼此相聯繫，這就是「與化為體」。所謂的與化為體就是萬物在化中去完成自

己的存在，前面言的「適性」、「無心」都是保證萬物在化中不脫離自己的化，也就是保證自己的自化與獨化。所以，郭象言「與化為體」，就是將萬物在有物之域的意義上落實到化上，化就是對萬物存在狀態的描述，而最後化所成就的就是「玄冥之境」。

但是郭象仍然面臨著化之不確定性。因為化不但「變化」還「互化」，從變化義上言，郭象確立自化就可以保持變化之持續性，但從互化上言，郭象只能提出獨化，以保證互化之不可能性。但什麼來保證獨化呢？郭象提出性分：「物各有性」、「性各有極」，這樣存在個體都是在自己的性分上獨化，不但獲得化的持存性，也獲得化的意義。與化為體從存在狀態上而言之就是玄冥之境，存在個體在玄冥之境當中實現自身內外和彼此的和諧。

在古希臘赫拉克利特也非常重視變化問題，如言「人不可以兩次踏入同一條河流」。但是，正因如此，人才需要在變動的世界中找到不變的東西作為存在的根據，因為變化是無法作為根據的。在郭象這裡，如果他想確立個體性的價值，那麼這個個體性必須是持存的，如果是可以消亡的化，那麼這個個體性也就沒有什麼價值了。莊子有感於這一點，所以他才去精神上尋找解脫。但是，郭象不是把目光轉向精神，而是轉向化本身。既然化不可避免，那麼化才是持存的，才是不化的。個體要想保持持存，就是要和化為一，就是要「與化為體」。因為，只有在「與化為體」裏面去「體化」，那麼，這個個體的持存才具有恒常性。

但是，化不但是一個事物自己變化，還指由一個事物變成另一個事物。如果存在這樣由一個事物變成另一個事物情況，個體的持存也就變得不可能了，所以，郭象言性分。就是要把個體隔絕開來，作為個體的存在，只能在自己的「分」上化，而不能「互化」。在性分的基礎上，作為個體的持存，就完全是有根據的，以化之恒常性為根據，所以郭象言獨化。獨化較之自化，就在於獨化不僅僅是一種化，而且從獨的方面來講是萬物各自之化。獨化不但使萬物保持自己存在的根基——性分，也保持的自己與他物之間的聯繫。

那麼，郭象解決了個體的互化問題，化的動力在什麼地方？郭象言生、自生，這個生不是生成的意思，而是「生生之為化」的意思。郭象言「造物」，並不是講宇宙生成論的問題，「造」是成就的意思。所以「上知造物無物，下知有物之自造」，從形而上言，物的成就不依靠高於自身的他物，從形而下言，

萬物不過是自身成就自己，因此化的動力來源於萬物自身。實際上，郭象言「性」，雖然沒做本質規定，但他還是言「眞性」，也爲性尋找根據，「苟當乎天命，則雖寄之人事而本在乎天也」(《莊子・秋水注》)，這裡的天指的是自然，是必然。又言：「厲，惡人也。言天下皆不願爲惡，及其爲惡，或迫於苛役，或迷而失性耳。然迷者自思復，而厲者自思善，故我無爲而天下自化。」(《莊子・天地注》)既然迷者思復，厲人思善乃人之常情，那麼萬物之化自會與自己的本性保持一致，成就眞性。

但是，這些作爲「與化爲體」的個體是如何在這個世界上存在的呢？他們之間的相互關係是怎樣的呢？萊布尼茨曾經以「單子論」來解決個體存在的問題，但在單子之外，萊布尼茨設定了「前定和諧」，這種前定和諧保證單子之間相安無事。那麼，郭象怎麼解決這個問題呢？郭象提出「玄冥之境」。在郭象《莊子注》裏，郭象沒明言「玄冥之境」是什麼？可以參照他提出的「絕冥之境」和「無名之境」來理解：「天下雖宗堯，而堯未嘗有天下也，故眢然喪之，而嘗遊心於絕冥之境，雖寄坐萬物之上，而未始不逍遙也。」(《莊子・逍遙遊注》)；「凡名生於不及者，故過仁孝之名而涉乎無名之境，然後至焉。」(《莊子・天運注》)實際上，「絕冥之境」、「無名之境」指的就是一種和諧一致的狀態，「不相爲、不相與」，「無待而相因」的狀態，所以郭象言「神器獨化於玄冥之境」。只有在「玄冥之境」當中，「與化爲體」的個體、群體才能和諧一致，表現在人生當中就是內聖與外王無別，名教與自然無異，天與人無對，這就是「天人和合」，這正是下一章所要論述的主要內容。

一、化

關於「變化」，在先秦思想中就有很多論述。變化是由變和化兩個單字組成，二者有一定關聯。實際上，化要比變化出現得更早。「化」道家使用的最多。「化」《說文解字》解爲：教行。「教成於上，則化成於下。」「化」在甲骨文上像一個人一正一倒之形，什麼意思不明。按照金文解釋「化」是指事字，是從人死的樣子中表現變化。由此而言，「化」的本意講人倒下引起的變化。「化」的教化義在《尚書》有體現，後來引申爲從一物變化爲另一物，道家「化」的形上義就是從這裡引申出來的。〔註1〕

〔註1〕參見王中江，道家形而上學中「化」觀念及其歷史拓展〔A〕，道家文化研究第十四輯〔C〕，北京：生活 讀書 新知三聯書店，1998年，第34～46頁。

　　《老子》對變化的態度是退避的態度，守柔處靜，避免變化。到了《莊子》，化變得不可避免。在《莊子》中，多處用化、自化。《莊子》化的意義：表達萬物化，物化，指事物產生也講消亡，整個過程都在化。如王中江所認為的，化到莊子那裡具有了普遍性，遂成形而上之建構。在老子那裡，其肯定「常道」之存在，因此變化的問題表現為人如何與常道相合，所以老子講「無為」，也講「自化」。《老子》第三十七章：「道常無為而無不為。侯王若能守之，萬物將自化。化而欲作，吾將鎮之以無名之樸。鎮之以無名之樸，夫將不欲。不欲以靜，天下將自正。」《老子》第五十七章：「天下多忌諱，而民彌貧；人多利器，國家滋昏；人多伎巧，奇物滋起；法令滋彰，盜賊多有。故聖人云：『我無為，而民自化；我好靜，而民自正；我無事，而民自富；我無欲，而民自樸。』」在老子這裡，化、自化的意思恰恰是不要人為地去化。在《莊子》中，多處用化、自化。如：「北冥有魚，其名為鯤。鯤之大，不知其幾千里也。化而為鳥，其名為鵬。」（《莊子·逍遙遊》）「其形化，其心與之然，可不謂大哀乎？」（《莊子·齊物論》）所以，面對這些變化，莊子講逍遙，講齊物，講「乘物以遊心」，是從知、心上講化。徐復觀在《中國人性論史》中曾著重說明從老子到莊子對「化」的態度的轉變，認為「老子的目的是要從變動中找出一個常道來，作人生安全的立足點」，對於「變」，「常常是採取保持距離，以策安全的方法」。莊子則「感到一切都在變，無時無刻不在變……他乃主張縱身於萬變之流，與變相冥合，以求得身心的大自由、大自在」，〔註2〕在徐復觀看來，莊子由此而提出了老子所未曾達到的人生境界，希望從境界的角度來保持變化中的不變。

　　實際上郭象進一步把老莊的思想內在化。從宇宙論上而言之，郭象在《莊子注》中很少談及，甚至關於本體問題，郭象也鮮見闡述。郭象把《莊子》思想的把握為：「通天地之統，序萬物之性，達死生之變」進而「明內聖外王之道」就是一個不斷下落的過程，不斷將宇宙論的問題內在化為關注人自身的問題。從變化問題上言之，郭象《莊子注》中更加注重對變化問題的探討，而言之「與化為體」，更將變化的問題轉向人自身。老、莊以「化」為迹，以道為常（恆定，不變），郭象則以化為迹並以之為常（恆定、不變），然後以「無心」為本，從探討人之外的常和迹，轉而統之於人的「無心」，更加直面

―――――――――――――――――――――――――――――――

〔註 2〕徐復觀，中國人性論史〔M〕，上海：華東師範大學出版社，2005 年，第 221
　　　～222 頁。

此岸、現世。如果按徐復觀的說法，在老子那裡，人只有通過自己向客觀存在的關照、觀察以取得生活態度的依據；在莊子那裡則轉化爲人生一種精神境界的意味的話，那麼到了郭象人「安身立命之本」則不再外求，要完全依靠人自身爲其存在尋找根據、爲其變化尋找理由。郭象言：

> 方言死生變化之不可逃，故先舉無逃之極，然後明之以必變之符，將任化而無係也。夫無力之力，莫大於變化者也：故乃揭天地以趨新，負山岳以舍故。故不暫停，忽已涉新，則天地萬物無時而不移也。世皆新矣，而自以爲故：舟日易矣，而視之若舊；山日更矣，而視之若前。今交一臂而失之，皆在冥中去矣。故向者之我，非復今我也。我與今俱往，豈常守故哉！而世莫之覺，橫謂今之所遇可係而在，豈不昧哉！……無所藏而都任之，則與物無不冥，與化無不一。故無外無内，無死無生，體天地而合變化，索所遁而不得矣。
>
> （《莊子·大宗師注》）

可見，變化的問題在郭象這裡已經發生轉化。需要思考的是，變化問題到了郭象何以發生這樣的轉化？這樣轉化的意義和價值是什麼？郭象的這種轉化的局限性有哪些？

實際上，這種不斷將「化」的問題轉向人自身卻面臨著巨大的理論困境。因爲，變化不單單是個動詞，其不但要有所從出，而且還要有歸處。在老子那裡，從出和歸處都是「道」，在莊子那裡，從出雖然在「己」，但歸處卻也在己之外的「本」。那麼，在郭象這裡，從出和歸處則都是在「己」了。如果這樣，那麼只能萬物萬化，化本身也就沒什麼意義了。所以，郭象給「獨化」這一概念賦予了特殊的涵義。化即包括自化，也包括獨化。自化是說萬物在自己的「性分之内」去化，這是化的基礎；而獨化則是在萬物的相互關係當中「各自化」，「自」強調的的是基礎性，能動性，而「獨」強調的是關係性，存在性，而無論是化也好，還是「獨化」、「自化」也好，最後都是萬物作爲萬物成就自身存在的一種方式，而郭象將這種方式歸結爲「與化爲體」。這樣，在郭象的《莊子注》中，就形成了一個關於「化」的完整的體系，在這裡從「化」談起，揭示「化」在郭象思想中的重要理論意義。

「化」在郭象這裡主要包涵三個不同的層次，第一個從最基礎上而言，化就是變化、轉化的意思。在老子、莊子那裡，化也大多是指稱這種變化、轉化的。然而僅僅言變化、轉化還是不夠的，這就進入到第二個層次，那就

是如何去化？郭象提出了自化、獨化。關於自化、郭象以前的哲學家們也做了很多的探討，在這個意義上郭象只是沿襲了其他哲學家的思想。但是「獨化」問題，卻是標識著郭象思想的不同之處。「獨化」在郭象思想中具有核心的理論價值和意義。因爲，「性分」只能保證萬物的分，而自化無非是在這個「分」上去化，無法說明每個萬物之間化與化的關係。而「獨化」則不然，「獨化」所說明的不但是萬物各自化，更重要的是說萬物在「獨」的意義上又是和諧的，萬物之間的「自化」不是相互衝突、相互否定，而是相互關聯，和諧一致。所以，郭象才言化的第三個層次，就是「與化爲體」。「與化爲體」這一概念很不好理解，在學界存在著諸多爭論，有的人認爲這是「獨化」本體論，以「獨」爲本體；有的人認爲這是存在本體論，以「化」爲本體。我認爲，「化」僅僅是萬物的一種存在方式，是不能作爲「本體」而言的，「與化爲體」實際上解釋的就是萬物適性、無心而任自化所最終達到的最高的存在方式，和這種存在方式對應的最高的存在狀態就是「玄冥之境」。「與化爲體」不是說以化爲本體，而是說萬物在化中，與化合爲一體的存在方式，或者說就是會，這個會的涵義就是會合。萬物在自己的存在中，不脫離自己的化，和自己的化保持一致，這就是「與化爲體」，只有這樣才能達於「玄冥之境」。

「化」的第一個含義就是變化，包括兩個方面：時間上的變化，如今日和昨日；物理形態上的變化，如水變成冰。萬物千變萬化，基本不離這兩種涵義。郭象在《莊子注》中非常重視化這個概念，但在一般變化的意義上，郭象的想法和其他人沒有什麼不同。因爲人畢竟是生在世，其耳聞目睹無事不變無事不化，所以變化在人們的眼中一定是習以爲常的事。但是，也正是因爲習以爲常，人們才不會注意變化在實際上的眞實意義，很多的哲學家對變化問題的研究都是很深入的，可以說變化問題是哲學無法迴避的，也是哲學所關注的重要問題。

郭象言變化和其他人一樣，就是在時間和物理形態上言萬物都是不斷變化的。但問題不在於是否有變化，而在於用何種思想來解釋這種變化，這也是郭象不同於其他哲學家的一個非常重要的方面。這個問題將在後面進行深入地探討，首先瞭解一下郭象是怎麼看待變化的，在郭象看來：

> 夫聲之宮商雖千變萬化，唱和大小，莫不稱其所受而各當其分。(《莊子·齊物論注》)

> 當古之事，已滅於古矣。雖或傳之，豈使古在今哉！古不在今，今
> 事已變，古絕學任性，與時變化，而後至焉。(《莊子・天道注》)

無論是聲音的變化，還是時間的變化，都是萬物在世界上不斷地變和化，
但問題是這些變化源於什麼？變化之後，萬物是否還能和自己保持一致。
萬物都是如何變化的？所有的變化都是相同的還是相異的？這些問題都是
對變化問題的進一步的思考。實質上，可以歸結爲一個問題：變化是否有
道？

在郭象看來，表面上看變化無常，但是變化也是遵循著一定的規則的。
所以郭象言：「雖變化無常，而常深根冥極也。無心而隨物化。(汎)〔泛〕然
無所繫也。變化頹靡，世事波流，無往而不因也。夫至人一耳，然應世變而
時動，故相者無所措其目，自失而走。此明應帝王者無方也。」(《莊子・駢拇
注》) 無論是人還是物，雖然千變萬化，但是這些變化都是深根於「冥極」的。
所以，郭象不承認萬物的變化受外在東西的制約，萬物都是自己在變化，都
是按照自己的性分而化，只是在極或者玄的意義上，這些化才是相通相安的，
所以郭象言獨化。獨化就是萬物不但在自己的性分之內自化，而且所有萬物
的化又能保持彼此的獨，不受外在東西的干擾和制約。

所以，面對變化，郭象強調要順要應，而不是和變化相抗爭。郭象言：

> 自古或有能違父母之命者矣，未有能違陰陽之變而距晝夜之節者
> 也。死生猶晝夜耳，未足爲遠也。時當死，亦非所禁，而橫有不聽
> 之心，適足悍逆於理以速其死。其死之速，由於我悍，非死之罪也。
> 彼，謂死耳：在生，故以死爲彼。理常俱也。人耳人耳，唯願爲人
> 也。亦猶金之踊躍，世皆知金之不祥，而不能任其自化。夫變化之
> 道，靡所不遇，今一遇人形，豈故爲哉？生非故爲，時自生耳。務
> 而有之，不亦妄乎！人皆知金之有係爲不祥，故明己之無異於金，
> 則所繫之情可解，可解則無不可也。窹寐自若，不以死生累心。(《莊
> 子・大宗師注》)

所以，變化之道就在於任其自化，不加人爲干擾，死生乃人生之大變，也應
順化而應，更不要說其他變化了，郭象言：「與人群者，不得離人。然人間之
變故，世世異宜，唯無心而不自用者，爲能隨變所適而不荷其累也」(《莊子・
人間世注》)，無心而順物則能無往而不化。

轉化的問題比變化的問題更複雜一些，但是變化之道是一致的。所謂的

轉化指的就是由此變爲彼，或由彼變爲此。郭象言：「日夜相代，代故以新也。夫天地萬物，變化日新，與時俱往，何物萌之哉？自然而然耳。」（《莊子・齊物論注》）「非唯無不得化而爲有也，有亦不得化而爲無矣。是以（無）〔夫〕有之爲物，遂千變萬化，而不得一爲無也。不得一爲無，故自古無未有之時而常存也。」（《莊子・知北遊注》）無論是日夜相代，還是有無相化都是轉化的涵義。如果說對於變化，人們還僅僅停留在是有變化還是無變化的層次上的話，對於轉化則不得不進一步思考，既然是轉化，那麼日夜相代之化是否有盡頭？有無相化是否有極限？這些都是哲學家們必須思考的問題，不是通過日常經驗就可以解決得了的。

更重要的一點究竟是什麼在化？也就是說化的主體一定是需要明確的。在郭象看來，化的主體是萬物，這一點是非常重要的。因爲萬物是郭象對存在的實在性的一個指稱。是萬物在化，既然是萬物在化，那麼萬物之化就不能化爲無，因爲萬物最根本的規定是其有，如果萬物能化爲無則不能稱其爲萬物。所以，在郭象看來：

> 夫時不暫停，而今不遂存，故昨日之夢，於今化矣。死生之變，豈異於此，而勞心於其間哉！方爲此則不知彼，夢爲蝴蝶是也。取之於人，則一生之中，今不知後，麗姬是也。而愚者竊竊然自以爲知生之可樂，死之可苦，未聞物化之謂也。（《莊子・齊物論注》）

所有的化無非就是物化，所說的時間之化無非是物化在時間中的變化形式，而既然是物化，又因郭象言性分，所以在郭象看來，萬物和萬物之間是不轉化的，所謂的轉化不過是萬物的自化。郭象言：

> 故罔兩非景之所制，而景非形之所使，形非無之所化也，則化與不化，然與不然，從人之與由己，莫不自爾，吾安識其所以哉！故任而不助，則本末內外，暢然俱得，泯然無迹。若乃責此近因而忘其自爾，宗物於外，喪主於內，而愛尚生矣。雖欲推而齊之，然其所尚已存乎胸中，何夷之得有哉！（《莊子・齊物論注》）

正因爲看似相互轉化的東西其實不過是自化，所以人不要去干涉這種化，因爲人爲地干涉是沒有意義的。萬物皆是自然、自爾，如果「助而不任」，只能影響萬物之自然，不但物不能得性，進行干預的人也不能得其性。所以郭象言「任而不助」，這樣萬物在其性分之內則暢然俱得。

二、自化與獨化

因郭象言萬物多以性分言之，所以「自」和「獨」在郭象《莊子注》中也非常重要。自和獨實際上指的都是一種不依賴於他物的狀態，在這個意義上二者是基本相同的，但在郭象《莊子注》中，賦予獨以更深的涵義，用以揭示萬物在「玄冥之境」當中的特殊狀態，因此郭象在言自化的基礎上又言獨化。言自化是從萬物自身而言的，言獨化則是從萬物之間的關係而言的。

郭象言「自」的地方很多，比如「自然」、「自爾」、「自生」、「自化」、「自得」、「自動」、「自成」、「自張」等等，所有的這些詞無非表明萬物之性分，正因為是「性分」，所以萬物的存在和成就萬物的存在就沒有外在的根據，只能是「自」。郭象言：

> 故大鵬之能高，斥鷃之能下，椿木之能長，朝菌之能短，凡此皆自然之所能，非為之所能也。不為而自能，所以為正也。（《莊子·逍遙遊注》）

> 若天之自高，地之自卑，首自在上，足自居下，豈有遞哉！雖無錯於當而必自當也。任之而自爾，則非偽也。凡得真性，用其自為者，雖復包隸，猶不顧毀譽而自安其業。（《莊子·齊物論注》）

> 凡物云云，皆自爾耳，非相為使也，故任之而理自至矣。（《莊子·齊物論注》）

> 塊然而自生耳。自生耳，非我生也。我既不能生物，物亦不能生我，則我自然矣。自己而然，則謂之天然。（《莊子·齊物論注》）

還有很多這樣的例子，不一而足，都是為了證明萬物之自，也是在這個意義上，郭象不需要為化尋找一種外在的動力，無論是造物主還是陰陽、有無都不是萬物之自，所以不能作為萬物存在的根據，也不能作為萬物成就自己存在的根據。在變化的問題上，郭象真正把眼光放在了有物之域，放在萬物自身，從一種外在性的探索轉化為一種內在性的反省。

關於「獨」，郭象認為和「自」的意義是一樣的，單用「獨」字的時候，郭象通常是指萬物存在的獨特性，和他物的差異性。如：

> 君之無用，而堯獨有之。明夫懷豁者無方，故天下樂推而不厭。（《莊子·逍遙遊注》）

唯大聖無執，故芚然直往而與變化爲一，一變化而常遊於獨者也。
（《莊子·齊物論注》）

在言特殊性、差異性的意義上獨和自的意義是接近的。但是如果獨和化結合起來，郭象的獨化卻有著深刻的理論內涵，這個問題在下面會進一步揭示。實際上，獨在細微差別上和自還是不同的，自一般言動力或根據；而獨一般言關係或狀態。「自」和「獨」是兩個關係十分緊密的概念，在郭象《莊子注》中，只有將這兩個概念放在一起分析，才能理解郭象思想的眞正涵義。

郭象所言的「自化」是萬物在自己性分之內的化。自化包含兩個非常重要的方面：自和化，這兩個方面在前面都進行了闡述，實際上自化是萬物作爲存在的一種基本的存在方式，萬物自生，所以只能是自化。萬物就是在自化的基礎上保持自己的「生」，並在自化的基礎上成就自己的存在。《莊子》有言：

汝徒處無爲，而物自化。墮爾形體，黜爾聰明，倫與物忘。（《莊子·在宥》）

郭象解之：「理與物皆不以存懷，而闇付自然，則無爲而自化矣。」在郭象看來，萬物之理以及作爲萬物存在之物都不需要有意地去維持和干涉，而是任其自化，因此在這個問題上要保持無爲。又如《莊子》言：

天地雖大，其化均也。（《莊子·天地》）

今彼神明至精，與彼百化。（《莊子·知北遊》）

郭象分別解之：「均於不爲而自化也。」「百化自化，而神明不奪〔之〕。」郭象意在說明，所謂的「自化」完全是根據萬物自身而化，沒有外在的動力和引導，所以人只能「無爲」而任萬物去化，而不能去人爲地加以干涉。郭象與莊子在「自化」上並沒有差異。《莊子》有言：

齧缺問於王倪，四問而四不知。齧缺因躍而大喜，行以告蒲衣子。
蒲衣子曰：「而乃今知之乎？有虞氏不及泰氏。有虞氏，其猶藏仁以
要人，亦得人矣，而未始出於非人。泰氏，其臥徐徐，其覺於於。
一以己爲馬，一以己爲牛。其知情信，其德甚眞，而未始入於非人。」
（《莊子·應帝王》）

郭象解之：「夫無心而任乎自化者，應爲帝王也。」在郭象看來，只有在化上任萬物自化，也就是無心而任自化，萬物才不失其所是，才能成就自己的存在，而這一道理上陞到人事上來，就是聖王無心而任百姓自化，不以己制人，這樣才是眞正的帝王。如果不能任萬物自化，而是對其有爲，則萬物必傷己

全，而不能達於己性。《莊子・秋水注》言：「若有爲不爲於其間，則敗其自化矣。」所以郭象強調要以其自化。自化實際就是順物之化，最重要的就是無心，而無心就是無爲。《莊子》有言：

> 仲尼曰：「夫孟孫氏盡之矣，進於知矣，唯簡之而不得，夫已有所簡矣。孟孫氏不知所以生，不知所以死。不知就先，不知就後。若化爲物，以待其所不知之化已乎。且方將化，惡知不化哉？方將不化，惡知已化哉？吾特與汝，其夢未始覺者邪！且彼有駭形而無損心，有旦宅而無情死。孟孫氏特覺，人哭亦哭，是自其所以乃。且也相與吾之耳矣，庸詎知吾所謂吾之乎？且汝夢爲鳥而厲乎天，夢爲魚而沒於淵。不識今之言者，其覺者乎？其夢者乎？造適不及笑，獻笑不及排，安排而去化，乃入於寥天一。」（《莊子・大宗師》）

郭象解之：「盡死生之理，應內外之宜者，動而以天行，非知之匹也。簡擇死生而不得其異，若春秋多夏四時行耳。已簡而不得，故無不安，無不安，故不以生死概意而付之自化也。所遇而安。不違化也。死生宛轉，與化爲一，猶乃忘其所知於當今，豈待所未知而豫憂者哉！已化而生，焉知未生之時哉！未化而死，焉知已死之後哉！故無所避就，而與化俱往也。」死生乃是化之最大者，郭象舉死生之化爲例，就是言最大之化仍是需要無心而順性，任其自然，其他之化就更是如此了。在郭象看來，萬物是有其性分的。這個性雖然不可認識，但必通過化有所顯現和證成，並在化中成就己性。如果人爲地去干預萬物之化，那就會使萬物失性而無法成就自己的存在。郭象另有引《莊子》中厲人生子的故事：

> 厲之人夜半生其子，遽取火而視之，汲汲然唯恐其似己也。（《莊子・天地》）

郭象解之：「厲，惡人也。言天下皆不願爲惡，及其爲惡，或迫於苛役，或迷而失性耳。然迷者自思復，而厲者自思善，故我無爲而天下自化。」厲人乃是失性之人，失性之人任其自化都能要返歸本性，何況沒有失性的人，所以郭象強調一定要「無爲」，「無爲」而自化成。《莊子・徐无鬼注》言：「夫爲天下莫過自放任，自放任矣，物亦奚攖焉！故『我無爲而民自化』。」莊子面對自化，並沒有特意強調無心，而僅僅言順化。而郭象言無心，則把化的問題和人的心直接聯繫起來，從而使化的問題轉化爲在「心」上的無爲。

　　郭象言「獨化」是和「自化」相對的意義上而言的，雖然學界很多學者認爲郭象獨化的概念很重要，甚至把郭象的哲學思想把握爲「獨化論」，但是，如果不對獨化和自化做出細緻的區分，恐怕還是很難揭示郭象獨化思想的眞實內涵。

　　實際上，自化是相對於性分的「分」而言的，萬物無不是在自己的性分之內而化，因此自化解決的是萬物作爲存在其成就自身存在的方式問題。在這裡，自化中的萬物和其他的萬物並不發生任何關係，都是自化。但是，就現實而言，萬物之間是不能不發生關係的。如何處理萬物之間的關係，是一個非常重要的問題，因此郭象提出獨化。所謂的獨化，就是萬物在自化的基礎上能保持自己的獨立性，所以，獨化是就關係而言的。實際上，郭象所言的「神器獨化於玄冥之境」就是言萬物以自化和獨化的存在方式，才能達到「玄冥之境」。而如果說自化代表著「性分」之分的話，那麼獨化所代表的則是萬物之和。正是因爲獨化，萬物才會不失自己的自化，而達於「和」，也就是那個「玄冥之境」。

　　在郭象《莊子注》中，獨化就是指萬物自化的無待狀態，也就是和其他的萬物的關係上，是不互相依存的，因此郭象言「相因之功，莫若獨化之至」（《莊子・大宗師注》）。《莊子》有言：

> 罔兩問景曰：「曩子行，今子止；曩子坐，今子起。何其無特操與？」
> 景曰：「吾有待而然者邪？吾所待又有待而然者邪？吾待蛇蚹蜩翼邪？惡識所以然？惡識所以不然？」（《莊子・齊物論》）

郭象解之：「罔兩，景外之微陰也。言天機自爾，坐起無待。……是以涉有物之域，雖復罔兩，未有不獨化於玄冥者也。……故罔兩非景之所制，而景非形之所使，形非無之所化也，則化與不化，然與不然，從人之與由己，莫不自爾，吾安識其所以哉！」在莊子那裡，用「有待」與「無待」來處理萬物之間的關係。但從「有待」那裡無論如何也推及不出「無待」來。所以，萬物相因，莫如各自獨化。郭象的獨化實際上就是萬物自化的一種無待狀態，正因爲獨化，才使萬物不失於自化，在自化的基礎上建立起統一的整體，因此才能使萬物「全其性分之內」。《莊子》有言：

> 死生，命也；其有夜旦之常，天也。人之有所不得與，皆物之情也。
> 彼特以天爲父，而身猶愛之，而況其卓乎！人特以有君爲愈乎己，而身猶死之，而況其眞乎！（《莊子・大宗師》）

郭象解之:「其有晝夜之常,天之道也。故知死生者命之極,非妄然也,若夜旦耳,奚所繫哉!夫眞人在晝得晝,在夜得夜。以死生爲晝夜,豈有所不得!人之有所不得而憂娛在懷,皆物情耳,非理也。卓者,獨化之謂也。夫相因之功,莫若獨化之至也。故人之所因者,天也;天之所生者,獨化也。人皆以天爲父,故晝夜之變,寒暑之節,猶不敢惡,隨天安之。況乎卓爾獨化,至於玄冥之境,又安得而不任之哉!既任之,則死生變化,惟命之從也。夫眞者,不假於物而自然也。夫自然之不可避,豈直君命而已哉!」郭象的這段話是其對「獨化」的最好解釋。莊子雖然沒有提出獨化的概念,但用天來標識死生之不可更改,郭象更進一步,認爲莊子所言的天,無非就是獨化,就是任之而自然。「自然即獨化也,獨化即自然也」〔註3〕;「天地之間,一切皆獨爾自化」〔註4〕;「在此天地間,則可謂無獨不化,無化不獨。萬形萬有,莫不各爾獨化。就字義言,獨即自也,化即然也。自然之體,惟是獨化。混而同之,則萬物一體。分而別之,則物各成體。同是一獨,同是一化。故謂之獨化也。」〔註5〕

　　另外,在「獨化」的問題上,郭象認爲不但應該讓萬物自化,而且應該「無心」任萬物之自化。這樣,才是「卓爾獨化」,才能使萬物達於「玄冥之境」。也正是因爲「獨化」,萬物才能作爲「性分」而達於兩重之和:第一是和自身爲一,這個自化所完成;第二與他物和,這是「獨化」所完成,也只有「獨化」才能完成。正是在這雙重的意義上郭象才言:「與化爲一」、「與化爲體」。「所謂『獨化』,從事物的存在方面說,是說任何事物都是獨立自足的生生化化是絕對,無條件的。」〔註6〕

三、與化爲一

　　在此所言的「體」不是和「用」相對的「體」也不是本體的「體」,而是作爲和「會」意思接近的「體會」之「體」。郭象言:

> 夫聖人之心,極兩儀之至會,窮萬物之妙數。故能體化合變。無往
> 不可,磅礴萬物,無物不然。世以亂故求我,我無心也。我苟無心,

〔註3〕錢穆,莊老通辨〔M〕,北京:生活 讀書 新知 三聯書店,2005年,第438頁。
〔註4〕同上。
〔註5〕同上。
〔註6〕湯一介,郭象與魏晉玄學〔M〕,武漢:湖北人民出版社,1983年,第310頁。

> 亦何爲不應世哉！然體玄而極妙者，其所以會通萬物之性，而陶鑄
> 天下之化，以成堯舜之名者，常以不爲爲之耳。孰弊弊焉勞神苦思，
> 以事爲事，然後能乎！（《莊子‧逍遙遊注》）

在郭象看來，聖人之心不但能「極兩儀之會」，而且能「體化合變」。這裡的
會和體都是與某種東西達成一致的意思。所以，無論體還是會都是言萬物在
存在狀態上與自己相合的一種存在方式。如郭象言「體中」、「體至一」、「體
化」，實際上就是言作爲萬物存在著的人與萬有不相對待而任萬物冥合的一種
存在方式。郭象言：

> 既得心齋之使，則無其身。放心自得之場，當於實而止。譬之宮商，
> 應而無心，故曰鳴也。夫無心而應者，任彼耳，不強應也。使物自
> 若，無門者也；付天下之自安，無毒者也。毒，治也。不得已者，
> 理之必然者也，體至一之宅而會乎必然之符者也。理盡於斯。（《莊
> 子‧人間世注》）

> 夫體化合變，則無往而不因，無因而不可也。當所遇之時，世謂之
> 得。時不暫停，順往而去，世謂之失。一不能自解，則眾物共結之
> 矣。故能解則無所不解，不解則無所而解也。天不能無畫夜，我安
> 能無死生而惡之哉！（《莊子‧大宗師注》）

從郭象的這些論述中可以看出，郭象所言的「體」實際上是想和萬物變化相
冥，而與化爲一。所以郭象經常言「體化」，「睹其體化而應務，則莫能謂之
坐忘而自得矣」（《莊子‧大宗師注》）。那麼如何才能做到這種體呢？郭象認
爲應該「無心於物」、「不奪物宜」，這樣就可以「體化合變」，無不與物冥，
「其歸根之易者，唯大人耳。大人體合變化，故化物不難。」（《莊子‧知北
遊注》）

　　會和體的意思基本相同，也是言萬物在存在狀態上與自己相合的一種存
在方式。郭象在《莊子序》之所以認爲莊子之言「無會」，就是因爲其言雖然
與萬物之化相應、相當，但是並沒有與萬物之化相會。所以，只能是知無心
而不能做到心無爲，因此才「雖高不行」。所以郭象強調要「隨感而應」、「與
化爲體」，這樣言才不至於遊談於方外，而萬物必自成於「玄冥之境」。所以，
在郭象這裡會和體一樣，是萬物作爲存在成就其自身的一種方式，只有會才
能「成」、「全」。郭象言：「夫天籟者，豈復別有一物哉？即眾竅比竹之屬，
接乎有生之類，會而共成一天耳。」（《莊子‧齊物論注》）

　　所以，在郭象看來，要想做到心無爲而會就要在無心上下功夫，郭象借莊子的「心齋」來言這種無心而會：「既得心齋之使，則無其身。放心自得之場，當於實而止」（《莊子・人間世注》）。

　　在郭象《莊子注》中自化和獨化都是「冥」，而「冥極」就是要「冥化」之極。那麼什麼是「冥」呢？郭象言：「凡得之不由於知，乃冥也。」（《莊子・知北遊注》）「得不由於知」則其得必源於化，所以冥和化是一個涵義。只是冥更接近「化之極」，所以郭象言「冥然」、「冥冥」、「玄冥」。

　　郭象言「冥」多言「與物冥」，「與物冥」就是在化中與物沒有分際。郭象言：

> 夫畫地而使人循之，其迹不可掩矣；有其己而臨物，與物不冥矣。
> 故大人不明我以耀彼而任彼之自明，不德我以臨人而付人之自（得）
> 〔德〕，故能彌貫萬物而玄同彼我，泯然與天下爲一而内外同福也。
> （《莊子・人間世注》）

在郭象看來，只有「與物冥」才能與化爲一，才能在萬物之化中不失其性而有所得。《莊子・逍遙遊注》言：「夫與物冥者，故群物之所不能離也。是以無心玄應唯感之從，泛乎若不繫之舟，東西之非己也，故無行而不與百姓共者，亦無往不爲天下之君矣。」郭象認爲，只有與物相冥，才能不離物而群，才能與百姓共。這是在這個意義上，通過與物冥而達無心，則不爲而能成天下之君。

　　所以，郭象認爲只有「無心」而與物冥，才能體天地而和變化爲一。順物順性而無不忤逆，萬物之間無所相待，因此萬物俱隨化盡，這就是「冥極」。郭象言：「雖變化無常，而常深根冥極也。無心而隨物化。」（《莊子・應帝王注》）實際上，冥在極上而言就是玄冥之境。在冥極的意義上，萬物雖千變萬化，但都不離冥極，都在冥極的意義上得以實現。

　　正是在「冥極」的意義上郭象強調要「與化爲體」、「與化爲一」，無論是自化還是獨化在冥的意義上化而爲一，這就是「玄冥之境」。郭象言之：

> 夫聖人遊於變化之塗，放於日新之流，萬物萬化，亦與之萬化，化者無極，亦與之無極，誰得逵之哉！夫於生爲亡而於死爲存，則何時而非存哉！此自均於百年之内，不善少而否老，未能體變化，齊死生也。然其平粹，猶足以師人也。此玄同萬物而與化爲體，故其爲天下之所宗也，不亦宜乎！（《莊子・大宗師注》）

在郭象看來，聖人之所以爲聖人，就在於其能「玄同萬物而與化爲體」，而任萬物以自化，則「與物無不冥，與化無不一」，所以聖人能「體天地而合變化」。雖然萬物千變萬化，但只要與「與變化俱」，則「無往而不冥」。

郭象認爲，死生雖然是變化之大者，但只要「以化爲命」、「與化爲體」，則死生不經於心，不擾於神而達於「無死無生」之境。郭象言：「人雖日變，然死生之變，變之大者也。彼與變俱，故死生不變於彼。斯順之也。明性命之固當。以化爲命，而無乖迕。不離至當之極。」（《莊子·德充符注》）「不離至當之極」就是化於「冥然之境」。所謂「冥然」就是萬物與化爲一的一種存在狀態，是一種「適性」、「無心」、「與化爲體」的存在狀態，郭象言：

> 故冥然以所遇爲命而不施心於其間，泯然與至當爲一而無休戚於其中，雖事凡人，猶無往而不適，而況於君親哉！事有必至，理固常通，故任之則事濟，事濟而身不存者，未之有也，又何用心於其身哉！理無不通，故當任所遇而直前耳。若乃通道不篤而悅惡存懷，不能與至當俱往而謀生慮死，吾未見能成其事者也。（《莊子·人間世注》）

「冥然以所遇爲命」實際上就是心無爲，而心無爲則任物、任事，所以物無不成。正是在這個意義上，郭象認爲才能達到彼我玄同。「夫眞人同天人，齊萬致。萬致不相非，天人不相勝，故曠然無不一，冥然無不在，而玄同彼我也。」（《莊子·大宗師注》）

在郭象看來「玄冥」在兩個意義上都有所展示。第一，在萬物的層次上「造物無物」，因而「物各自造」，所以萬物通過自造成就自身，萬物和萬物之間各不相待，獨化而成，這就是「玄冥」。所以郭象言：「故明眾形之自物而後始可與言造物耳。是以涉有物之域，雖復罔兩，未有不獨化於玄冥者也。故造物者無主，而物各自造，物各自造而無所待焉，此天地之正也。」（《莊子·齊物論注》）第二，是在聖王治天下的角度而言，爲天下的根據不在於太初，而應止於玄冥，也就是說在治天下的根據上而言，不是從根源上講，而是從目的上講。所以郭象言：「問爲天下，則非起於太初，止於玄冥也。任人之自爲。莽眇，群碎之謂耳。乘群碎，馳萬物，故能出處常通，而無狹滯之地。言皆放之自得之場，則不治而自治也。」（《莊子·應帝王注》）正是在「玄冥」這兩個意義上而言，萬物「況乎卓爾獨化，至於玄冥之境，又安得而不任之哉」（《莊子·大宗師注》）。

　　所以，無論是眞人還是天人，都將遣有爲之心而以化爲命，「玄同彼我」
而達於「玄冥」。郭象言：「玄冥者，所以名無而非無也。夫階名以至無者，
必得無於名表。故雖玄冥猶未極，而又推寄於參寥，亦是玄之又玄也。」（《莊
子・大宗師注》）所謂的玄冥實際上就是萬物自化與獨化冥合的狀態，在名的
意義上無法命名，但是在存在或存在成就自身存在的意義上則是非無，這就
是「玄冥之境」。故「適性」、「無心」、「與化爲體」「神器」才能「獨化於玄
冥之境」。

第四章　神器獨化於玄冥之境

　　郭象在《莊子注》中，以否定萬物之先或之上的造物主為基礎，將人們的目光轉向有物之域。郭象認為，萬物要安於自己的性分，在性分之內而化，化是萬物的存在方式。萬物通過自化或獨化，獲得了自己的存在又不斷超越自己的存在，只有在化中「與化為體」才能作為存在而保持其本真的存在，也就是不脫離現實存在又達到內在超越，這就是玄冥之境。玄冥之境不是思想境界也不是心靈境界，而是存在之為存在的最高和諧狀態，是人在有物之域中所實現的逍遙。

　　在郭象看來，萬物之為存在沒有外在的根據，是自生，是直接的展現，而萬物的自造也需按照自然的方式去完成，即自己如此，否則會傷性、傷生。所以，郭象所關注的不是萬物為什麼存在的問題，而是關注萬物如何存在以及存在有何價值？郭象在談萬物之為存在以何為根據的時候，否定了造物主的存在，認為萬物是自生的、自造的。這樣，就把魏晉玄學所關注的萬物之本的問題轉化到有物之域的萬物如何存在上，郭象以「神器獨化於玄冥之境」而概言之，但「此語頗難解，懂此語即懂向郭之學說」〔註1〕。

　　在《莊子注》中，郭象提神器的地方不多，而對神器的理解，學界也歷來紛爭很多。有的人將神器理解為國家政權，有的人將神器理解為一種神秘的存在，先看看郭象怎麼理解神器的：

> 而惑者因欲有其身而矜其能，所以逆其天機而傷其神器也。至人知天機之不可易也，故捐聰明，棄知慮，魄然忘其所為而任其自動，故萬物無動而不逍遙也。（《莊子・秋水注》）

〔註1〕湯用彤，魏晉玄學論稿〔M〕，上海：上海世紀出版集團，2005年，第163頁。

> 巧者有為,以傷神器之自成;古無為者,因其自生,任其自然,萬
> 物各得自為。蜘蛛猶能結網,則人人自有所能矣,無貴於工倕也。(《莊
> 子‧天下注》)

惑者逆天機,而巧者執有為,無論惑者還是巧者都是「傷」神器,如果神器
指的是國家政權的話,惑者和巧者僅憑這點有為或許並不能傷。如果神器是
指神秘的存在,惑者和巧者也無法傷。所以,在郭象《莊子注》中神器是指
萬物的有形之迹,神指器的自然之理;器是指神的自然之用。神器即包涵萬
物的存在,又包涵萬物的所以在。傷神器傷的不是器而是器之神,也就是以
有為傷害器的自爾、自成,傷的是萬物的所以在。而這樣,也就自然傷器之
用了。在郭象看來,「可執而用曰器」,所以,神器並不是什麼神秘的存在,
而是萬物之為存在所應該本有的存在之理、之在、之用。郭象言「神器獨化
於玄冥之境」就是在有物之域之內,使萬物不失自己本有之理、之在、之用,
這就需要獨化,而玄冥之境就是萬物獨化所達到的存在狀態,因為神器作為
萬物本有或應有之理、之在、之用,是不可以言、不可以知的,只能通過適
性、無心、與化為體來成就。玄冥之境實際上就是無言之境或無名之境。正
因為不可言、不可知,所以玄冥之境不可為,只能是任萬物獨化,故神器不
傷,神器不傷而萬物無不自成、自得,也是在這個意義上,存在即逍遙。

獨化是神器不傷的原因,因為傷神器的是有為,而獨化是無為而化。正
是因為獨化,作為存在的萬物才能「無待而獨得」,無待則不相效,因此獨化
可以使神器不失其自然,而萬有各自得,各自成。郭象言:

> 其有晝夜之常,天之道也。故知死生者命之極,非妄然也,若夜旦
> 耳,奚所繫哉!夫真人在晝得晝,在夜得夜。以死生為晝夜,豈有
> 所不得!人之有所不得而憂娛在懷,皆物情耳,非理也。卓者,獨
> 化之謂也。夫相因之功,莫若獨化之至也。故人之所因者,天也;
> 天之所生者,獨化也。人皆以天為父,故晝夜之變,寒暑之節,猶
> 不敢惡,隨天安之。況乎卓爾獨化,至於玄冥之境,又安得而不任
> 之哉!既任之,則死生變化,惟命之從也。夫真者,不假於物而自
> 然也。夫自然之不可避,豈直君命而已哉!(《莊子‧大宗師注》)

故而,「涉有物之域」,未有不獨化而自成之物,萬物相因之功不在於相濡以沫,
最大的相因莫過於各正性命。人之所生雖然是自生,但是生之所動卻本乎天,
也就是自然。那麼,神器以獨化而存在,而獨化所遵循的就是自然。所謂自然,

就是自爾，自然而然，所以獨化就是無心無爲，任物自爾、自成，以致「本末內外，暢然俱得，泯然無迹」(《莊子・齊物論注》)，這也就是玄冥之境。

關於玄冥之境學界有很多種解釋，除了將之看作神秘主義的世界觀外，大體有兩種看法：境界論和理想社會論。境界論是將玄冥之境把握爲心靈境界或精神境界。如馮友蘭先生指出：「郭象的無無論，則否定了貴無論的無，肯定了他的『無名之域』，混沌。那就是他所說的『冥極』，『玄冥之境』。這並不僅只是一種名稱的改變，因爲郭象所說的『冥極』，『玄冥之境』，不是宇宙形成的一個環節，而是人的一種精神境界。」〔註2〕理想社會論認爲玄冥之境就是平等或和諧的價値理想。如湯用彤先生認爲「『未限定』、『無分』、『平等』的世界即玄冥之境。玄，同也；冥，沒有。……萬物獨化，皆不知所以然而然也，獨化於玄冥之境者爲能大順。」〔註3〕又如余敦康先生認爲：「郭象對莊學思想，一言以蔽之，可以用《莊子注序》中的一句話來概括，即『神器獨化於玄冥之境』。『神器』指的是國家政治，也就是名教。『玄冥之境』指的是自然，也就是和諧自由的文化價値理想。」〔註4〕這兩種說法對研究郭象的哲學提供了很有指導性、啓發性的思想，但有必要在此基礎上進一步探討。玄冥最早出現在《莊子》，郭象將《莊子》之玄冥解爲「名無而非無」。但在《莊子》中，並無「玄冥之境」之論。因此，郭象言「玄冥」是在「境」上而言之的，這也是學者們將「玄冥之境」看作是心靈境界或精神境界的最主要的原因。但是，郭象言玄冥之境是針對有物之域而言的，如果說有物之域是萬物實存之狀態的話，則玄冥之境就是萬物應然之狀態。因此，從境界或理想社會解玄冥之境都是有一定道理的。但是，如果以有物之域與之相對待，將玄冥之境理解爲萬物存在的應然狀態似乎更合理一些。這樣理解玄冥之境就不會將其神秘化，而是直接能體感到其是建基於有物之域，又是對有物之域的超越。因此，在「神器獨化於玄冥之境」的意義上而言，玄冥之境代表的就不是單純的精神境界、心靈境界和理想社會，而是作爲存在的萬物自然、自成、自得、自化的存在狀態；也就是在適性那裡言的「至當」、「至正」、「至

〔註2〕馮友蘭，中國哲學史新編（第四冊）〔M〕，北京：人民出版社，1986 年，第127 頁。

〔註3〕湯用彤，魏晉玄學論稿〔M〕，上海：上海世紀出版集團，2005 年，第163～164 頁。

〔註4〕余敦康，魏晉玄學史〔M〕，北京：北京大學出版社，2004 年，第 408～409頁。

足」的「自得之場」；也就是在無心意義上言的「無知」、「無言」、「無名」的「無言之境」；也就是在與化為體中的「冥冥之境」。

實際上，神器、獨化、玄冥、玄冥之境這些概念在不同的組合和上下文中，是從不同角度和層次來使用其內涵的。要正確理解「神器獨化於玄冥之境」，一方面從語義學的角度，要從語法結構、語境和上下文中等綜合的方面來理解其含義，將玄冥、玄冥之境還原到這句話的整體結構中把握，不能就詞論詞；另一方面，也要注意從《莊子注》中的相關概念的含義，以及《莊子注》的整體思想來反觀這句話的內涵，不能就句論句。郭象把神器理解為萬物之存在的迹，郭象言：「夫聖人者，誠能絕聖棄知而反冥物極，物極各冥，則其迹利物之迹也。器猶迹耳，可執而用曰器也」（《莊子・胠篋注》）。正因為這個作為萬物的神器僅僅是迹，是「可執而用」的。所以郭象認為需要化迹到所以迹，而這個所以迹就是玄冥之境。

神器獨化於玄冥之境就是在有物之域中的萬物不執於化迹，而與化為體，實現暢然俱得，泯然無迹的玄冥之境，玄冥之境也即是萬物各冥其極，自然而然，無迹可循的無心而各得其用之境。上陞到作為社會個人的存在而言，就是要放棄以己制物的執著，玄同彼我，實際上就是化盡人的執用之迹，即肯定每一個體存在的價值，又肯定其他個體存在的價值，達到「和而不同」。如果再上陞到作為個人存在的社會而言，就是即不執著於自然也不執著於名教，在這裡，名教和自然是一對相對待的概念，名教和自然都是萬物的固有之性，如郭象言：「夫率性直往者，自然也；往而傷性，性傷而能改者，亦自然也」（《莊子・大宗師注》）。在整個社會的意義上而言，神器獨化於玄冥之境就在於順天應人、無心任化。這樣，作為個人所存在的社會就達到天人和合，郭象言：「夫順天，所以應人也，故天和至而人和盡也」（《莊子・天道注》），個體存在能天然而然，得其性分，即是天和，由天和之各正性命自然也就能達至人和，即個體間相因而和。天和即「冥極」，因為性各有極，冥極就是個體盡己之性，冥於自身性分之內，個體實現其存在。《莊子・養生主注》言「冥極者，任其至分而無毫銖之加。是故雖負萬鈞，苟當其所能，則忽然不知重之在身；雖應萬機，泯然不覺事之在己。」據此，這種存在狀態可說是個體逍遙，天性與存在的合一。人和也即「冥物」，指個體與物相冥，也可以說冥他物之極，物極各冥，不破壞干擾他物，順物而不制物。《莊子・應帝王注》曰：「不能冥物，則迕物不暇，何暇遊虛哉！」可知，萬物之間的和諧是個體

逍遙的必要基礎。「和而不同」凸顯作爲個體性存在的價值；而「天人和合」
是突出社會性存在的價值。達到這兩點那麼任何的存在都無往而不逍遙，所
以，玄冥之境建基於有物之域，是萬物由即存在而各正性命達至的個體價值
和全體價值的和諧統一狀態。

　　郭象最終所要關注的不是和人無關的自然物的存在，實際上也不是讓人
模仿自然的存在，比如老子的「法自然」，而是關心作爲萬物的人如何存在，
作爲由人所組成的社會又應當怎樣存在，實際上就是尋找人的安身立命之
本。郭象在《莊子序》中言：

　　　　然莊生雖未體之，言則至矣。通天地之統，序萬物之性，達死生之
　　　　變，而明內聖外王之道，上知造物無物，下知有物之自造也。

在郭象看來，莊子之言雖然沒有認識到心無爲的重要性，但對內聖外王之道
的揭示則至矣。而且內聖外王之道本身所包含的就是涉有物之域的人如何獲
得自己安身立命之本之道。內聖外王之道包括三方面非常重要的內容：通天
地之統；序萬物之性；達死生之變。通天地之統是說要理解萬物的根據究竟
是什麼，其統究竟爲何？郭象在《莊子注》中沒有爲萬物建立起一個抽象的
外在的統，而是在存在的意義上統之以自生、自得，在法則的意義上統之以
自然。在郭象看來，萬物雖然都自然而然，但這個自然也是有自己的秩序的
不是雜亂的怎麼都行。郭象言物各有性，實際上就是在命的意義上言這種先
天的不可更改的獲得性，這也就是命，郭象要在性分這個角度序萬物之性。
這個序性不是找出萬物的統一性然後在「序之」，而是找出序性之道，而不是
找出所序之性。這個道或者理就是自化與獨化，也就是萬有在自己的性分之
內去化，這樣作爲萬有之一的人才能達死生之變。

　　明內聖外王之道，就是要明萬有獨化不可干擾，只能順任，不可爲，只
能無心而任化。內聖外王之道反映在個人所存在的社會上就是名教和自然的
關係。雖然郭象在《莊子注》中沒有明確提出名教這個概念，但是名教和自
然的關係問題，郭象是無論如何也迴避不了的。郭象重新闡釋了「名教和自
然」關係中這個自然的涵義。郭象所處的時代社會動蕩不安，不但作爲個人
的存在沒有著落，政權的更叠頻仍使得人們對原來儒家的治世之道也產生了
懷疑。於是，知識份子們紛紛出來揭露名教之虛僞，更有人提出「越名教而
任自然」。實際上，「名教和自然」是人如何在社會中尋找自己安身立命之本
的大問題。一部分人逃避世事，以隱於山林爲清高；一部分人執於廟堂，希

望能扭轉乾坤。無論是廟堂還是山林，都是名或者是迹，人如果要想達到逍遙，真正依靠的不是迹而是所以迹，這個所以迹就是無心。在郭象這裡，無心則不執著於有為還是無為，也就不是簡單的不為，而是不逆性而為。適性、無心、任化都是有為，但是在所以迹上就是無為，使人消除外在的干擾，讓人回歸到自己的本然之在當中，達到「順天而應人」。

郭象最終所要究的無非是「天人之際」的問題，實際上就是要確立人的「安身立命之本」。郭象言性分就是對每一個存在的獨特性都給予肯定，性分意味著存在之為存在，只有在「分」的意義上才有差別性，而這個差別性不是價值的差別性而僅僅是存在的差別性。不同是基礎，只有在性分的基礎之上，才能求和。實際上這個先後順序是很重要的，如果在和的基礎上求不同，就需要建立起一個統一性的標準，而這種統一性在郭象看來，恰恰是對萬物之存在的傷害，他所要避免和破除的就是這種外在的統一性而任物自生自化。在「不同而和」的意義上，郭象確立了個體性存在的價值。郭象最終所希望的就是在這性分也就是不同的基礎上建立其真正的和，這個和就不是外在加給每個存在的，而是每個存在作為存在於自己的存在過程當中所展現出的自在自為狀態，也就是於有物之域實現的玄冥之境，即逍遙。

作為有物之域中的萬物，其存在只要按照自己的自然去存在，那麼就會在成就自身的同時也成就其他個體的存在，而一旦存在以此狀態存在，那就自得其逍遙，同時如果存在在逍遙中證得自己的逍遙，也便會更深刻地體會自己的存在，理解存在的真性。所以，存在是由逍遙證得的，逍遙只有去存在才能達到。郭象所建立的，不是一個外在的價值系統，也不是統一性的價值標準，而是將人們從外在的追求中拉回來，使人回歸到自身，用自己的存在來證得自己的價值，用自己的價值來體現自己的存在。牛馬不必辭穿落，人亦勿需隱之山林，一切皆本乎天然，任各自性而已，「順天而應人」。由此，郭象最終所達到的成就就是「臻逍遙於有物之域」。

第一節　明內聖外王之道

郭象通過對造物主的否定，進而論證了有物之域的重要性，實際上郭象真正關心的不是萬物之物，而是人。他對有物之域的探討，無非是為人生在世尋找應有的根基，為人所生活的人世尋找到真正的秩序。郭象在《莊子序》

中認爲莊子之言「雖高不行」,「當而非會」,但「言則至矣」。這個「至矣之言」所揭示的內容就是《莊子》的主旨,在一定意義上而言,也是郭象《莊子注》所要揭示的思想,那就是:「通天地之統,序萬物之性,達死生之變,而明內聖外王之道,上知造物無物,下知有物之自造也。」郭象最終希望達到的,就是從有物之域到玄冥之境的逍遙。

「明內聖外王之道」在郭象《莊子注》中非常重要,在魏晉時期,社會紛亂。郭象有感於此,希望通過注《莊子》能上達人君,使之「明內聖外王之道」,下及凡眾,使之體「有物之自造」之理。故而上下不相對,凡聖不相跂,各安天命各守其性,無心而自化,是以所在無不逍遙。雖然學者們對郭象《莊子注》的主旨理解上存在著差異,但都認爲「明內聖外王之道」是其主旨之一。在郭象看來,內聖外王之道是需要「明」的,但如何去「明」呢?需要以下三個方面的努力:通天地之統、序萬物之性、達死生之變。這三個方面的道理明瞭,內聖外王之道也就明瞭。

「通天地之統」就是要明萬物都統於什麼?在郭象看來,天地乃是萬物的總名:

> 天地者,萬物之總名也。天地以萬物爲體,而萬物必以自然爲正。自然者,不爲而自然者也。故大鵬之能高,斥鴳之能下,椿木之能長,朝菌之能短,凡此皆自然之所能,非爲之所能也。不爲而自能,所以爲正也。故乘天地之正者,即是順萬物之性也;御六氣之辯者,即是遊變化之途也;如斯以往,則何往之有窮哉!(《莊子·逍遙遊注》)

所謂的天地,無非是萬物的一個總名,因此在這個意義上否定了天地超越性的意義,因爲人總是生活在有限的世界裏,在人看來天地是無限的。以人的有限待天地的無限,必然會對無限的天地形成某種神秘的依賴性。特別是漢代的天人感應論,加深了人們對天的敬畏,而郭象把「天地」僅僅把握爲「萬物之總名」,既破除了天地生萬物的宇宙生成論,又破除了天地的主宰性價值。這樣就把人所面對的世界下降爲有物之域。故而郭象在《莊子序》中言:「上知造物無物,下知有物之自造」。這於今雖然是簡單不過的道理,但於當時卻是非常大的理論創造。正是在這個意義上而言,郭象認爲重要的不是天地,而是萬物。所以,「通天地之統」實際上就是要明萬物之統。在郭象看來,「萬物必以自然爲正」,關於「正」的問題前面談過,實際上就是萬物與自己所本有之性達成一致,這就是「正」。而萬物如何和自己的本有之性達成一致

呢？郭象認爲應該自然。在這裡，自然不是作爲實體性的自然界，也不是作爲本體的「自然之道」，而是「不爲而自然」的自然法則，也就是自己如此、自爾。郭象言：「不爲而自能，所以爲正也。故乘天地之正者，即是順萬物之性也。」（《莊子・逍遙遊注》）「通天地之統」就是知道：造物無物，萬物各自造，萬物是天地之體，而自然是萬物之正。

「序萬物之性」就是要爲萬物尋找「順序之道」。郭象言：「夫用天下者，必大通順序之道。」（《莊子・天道注》）在郭象看來，雖然萬物之正在無爲、自然。但是這個無爲、自然是順，而不是有意而爲之。那麼「順萬物之性」就要明萬物之「序」，否則就談不上「順」。《莊子》有言：「君先而臣從，父先而子從，兄先而弟從，長先而少從，男先而女從，夫先而婦從。夫尊卑先後，天地之行也，故聖人取象焉。」（《莊子・天道》）郭象解之：「言此先後，雖是人事，然皆在至理中來，非聖人之所作也。」先後順序，都是從至理上來的，而這個至理就是萬物之序。而且，郭象序萬物之性並不是像現在的科學家那樣，找到萬物的物理規律，郭象最終的目的是希望通過明順序之道而「用天下」，也就是要明「內聖外王之道」。那麼這個至理究竟是什麼呢？那就是物各有性、性各有極也就是性分。郭象言：「性分各自爲者，皆在至理中來，故不可免也。」（《莊子・達生注》）性分就是至理。所以，「序萬物之性」就是要明性分，性各有分，所以，用天下時就不能以一正萬、以己制物，而是要「性分各自爲」，這就是治世之道。

「達死生之變」實際上就是要明變化。死生是世界上最大的變化，如果死生之變都明瞭，那麼所有的變化之理必然都明。郭象言：「人雖日變，然死生之變，變之大者也。彼與變俱，故死生不變於彼。斯順之也。明性命之固當。以化爲命，而無乖迕。不離至當之極。」（《莊子・德充符注》）死生之變是大變，而如果與變爲一體，則是順變，所以達死生之變最重要的是以化爲命，這樣才能不離至當。郭象言：「與化爲體者也。泰然而任之也。寄之至理，故往來而不難也。終始變化，皆忘之矣，豈直逆忘其生，而猶復探求死意也！」（《莊子・大宗師注》）生死雖大變，但只要以化爲命、與化爲體則萬變爲一。

所以，「明內聖外王之道」就是要明：造物無物，物各自造，自然自爾；物各有性，性各有分，順物自化；以化爲命，與化爲體則天下萬物不離至當之極。因此，聖人治世，必無爲而任民自化；凡人立身，必隨物而無心。

一、通天地之統

「天地」在郭象《莊子注》中所代表的僅僅是萬物的總名，因此郭象言通天地之統實際上就是要體察萬物之統。郭象在《莊子注》中否定一切超越性的存在，因此萬物存在的根基就不能在萬物之外尋找。這樣郭象就把目光轉向有物之域中的萬物自身。在郭象看來，造物無物而有物之自造，萬物的創生沒有一個統一性的造物主，因此是「自生」；而且萬物的存在也沒有一個統一性的決定者，因此是「自在」。所以，郭象言通天地之統就不是要尋找一個具有實在性的東西作為萬物的支撐者，或者說郭象將目光轉向有物之域之後，其所要尋找的不是有物之域的萬物是怎麼產生的，而是要尋求有物之域的萬物是如何存在的？

「怎麼產生」和「如何存在」是兩個非常不同的問題。「怎麼產生」可以說是個宇宙生成論的問題，如果進一步理解是個本體論問題。其所要追索的是希望通過對萬物產生的本源的考察，來理解現存的萬物。因此，作為一種宇宙生成論或本體論需要一種具有超越性的、終極性的存在來作為現存萬物的創生本體和持存根據。但「如何存在」所關注的就不僅僅是萬物是什麼創生的，而是關注萬物是如何存在的。所以，「如何存在」所追索的問題就不是探究萬物存在的本源，而是要通過對萬物自身存在的特徵來理解萬物存在的歸處。所以，郭象所言「通天地之統」所要追問的就不是萬物創生的根據而是要追問萬物是如何存在的。

在郭象《莊子注》中，萬物的存在是先天獲得性的，是自生，但問題是萬物如何存在？萬物的存在是否有一個統一性的規則，還是雜亂無章？如果說有統一性的規則那麼如何解釋萬物存在的個體差異性？如果是雜亂無章那麼如何解釋萬物存在的和諧性？進一步的問題是萬物是以何種方式存在的？這種存在方式對萬物的存在有怎樣的作用和意義？作為一種存在方式而言如何保證萬物存在的統一性和差異性？再進一步的問題是萬物存在的狀態是怎樣的？也就是說萬物的存在是否有一個終極的存在狀態還是僅僅就是盲目存在？這些問題都是「通天地之統」必須關注和解決的問題。而且作為存在而言，人的存在和物的存在又是不同的，特別是在郭象《莊子注》中明確提出人的存在和物的存在的差異性，郭象言：「夫物之形性，何為而失哉！皆由人君撓之，以致斯患耳，故自責。」（《莊子‧則陽注》）相對於物的存在而言，其不存在著失性的問題，也就是說物的存在在持存的意義上是可以不斷保證自己的存在的，但人的存在不同，因為人有心、有情、有欲，在存在的過程

中難免對其他的存在甚至對自己的存在「撓之」。所以，萬物如何存在的問題就轉化爲人怎樣存在的問題？無論怎樣研究萬物的存在，最終的歸處必然要探討人的存在問題：人存在的根據、方式、狀態等等諸多的問題。從郭象《莊子注》中可以看到，雖然郭象不斷地闡述萬物的如何存在，但最後都落實到人如何存在的問題。郭象言適性、無心、與化爲體，實際上所言的都是人在存在的過程中如何成就其存在的問題。

這樣，郭象言「通天地之統」實際上要關注三個重要的問題：第一、從關注本源性、創生性的造物主轉向關注有物之域的萬物。第二、從關注萬物如何產生轉向關注萬物如何存在。第三、從關注萬物轉向人自身的存在。實際上這三個問題也標誌著郭象的哲學思想較之其他魏晉時期的哲學家的思想有了重大的不同：不斷從超越性的外在性的追索中轉向內在性的探求。

在前面的論述中提到過郭象非常重視「自然」這一概念，也分析了自然這一概念在郭象《莊子注》中的涵義和作用。自然在郭象的思想中指的不是作爲外在存在的自然界，也不是作爲道所法的自然之道，而僅僅是自然而然、自爾。也就是說自然在郭象的哲學思想中雖然重要，但其價值和意義已經發生重大的變化，自然不再是超越於存在的道，而僅僅是萬物存在的法則。也就是說萬物的存在是先天性的獲得，這種獲得性的存在在成就其存在的時候是以自然爲法則的。在郭象的《莊子注》中，自然的意思就是自己如此。與其說自然是萬物存在的法則，不如說萬物的存在是沒有法則的，因爲作爲存在的萬物只不過是自己如此，沒有一個統一性的絕對性的規定，來約束萬物的存在。郭象雖然也提出道，但是道在郭象哲學思想中已經失去那種本體性、本源性的意義，在根本上道和理是一樣的，或者說在郭象這裡的道就是道理，是萬物存在法則的指稱。

所以，郭象言「通天地之統」，在郭象《莊子注》中是不存在那種實體性、本源性的統的，甚至也不存在那種超越性的道。在郭象《莊子注》中，萬物莫不統於自然，也就是自己決定自己，自己是自己存在的根據，也是自己成就自己存在的根據。郭象言：

> 無不成也。無不然也。各然其所然，各可其所可。夫莛橫而楹縱，厲醜而西施好。所謂齊者，豈必齊形狀，同規矩哉！故舉縱橫好醜，恢詭憰怪，各然其所然，各可其所可，則理雖萬殊而性同得，故曰道通爲一也。（《莊子‧齊物論注》）

在郭象看來，萬物無物不成、無物不然。雖然存在的形態上千差萬別，所遵循的理「萬殊」，但「性同得」，郭象稱其為「道通為一」。這樣「通天地之統」在郭象看來乃是性同得，也就是萬物的存在是以「得性」為通、為統的。郭象言：「萬物莫不皆得，則天地通。」（《莊子‧天地注》）「物得以通，通物無私，而強字之曰道。」（《莊子‧則陽注》）所以郭象言「道通為一」，天地莫不統於「得性」。而這個「得性」又是以「自然」為規則的，是「自爾」。郭象言：「夫穿井所以通泉，吟詠所以通性。無泉則無所穿，無性則無所詠，而世皆忘其泉性之自然，徒識穿詠之末功，因欲矜而有之，不亦妄乎！」（《莊子‧列禦寇注》）郭象言：

> 無小無大，無壽無夭，是以蟪蛄不羨大椿而欣然自得，斥鴳不貴天
> 池而榮願以足。苟足於天然而安其性命，故雖天地未足為壽而與我
> 並生，萬物未足為異而與我同得。則天地之生又何不並，萬物之得
> 又何不一哉！萬物萬形，同於自得，其得一也。（《莊子‧齊物論注》）

在郭象看來，「萬物萬形」但「同於自得」。自得包含兩個方面對涵義，第一是「性同得」，也就是得性，萬物莫不以得性為通；第二是「自然」，萬物得性是自然而得，「天者，自然也。自然既明，則物得其道也」（《莊子‧天道注》）。可見，萬物以自然而得性，這就是天地之統。

二、序萬物之性

郭象言萬物統於自然而得性，也就是「自得」。然而，萬物雖然在「自得」的意義上「性」是通的，但萬物之性究竟是什麼呢？得性的萬物是以怎樣的方式和狀態存在的呢？郭象提出一個非常重要的概念——「性分」。

郭象言「萬物自得其性」是在獲得意義上而言的，僅僅是存在的基礎，實際上萬物的存在之性是先天的獲得，也就是「自得」。郭象言「萬物自生」，在一定意義上這個自生已經把存在之性帶到萬物之中，所以自得僅僅是指稱萬物自生當中性的獲得性。因為自得還不僅僅包含這種獲得性還包含萬物要成就自身的存在，因此在自得的情況下，還要進一步的得性，那就是化了。那麼自得之性在什麼樣的基礎上化呢，這就是「性分」。郭象言：「物各有性」、「性各有極」，萬物是以「性分」的方式存在的。所以，「序萬物之性」就是要在性分的基礎上明萬物是以怎樣的秩序存在的，也就是說「序萬物之性」就是要明萬物存在之理。

　　郭象言「物各有性」、「性各有極」，實際上就已經說明萬物沒有一個統一之性，萬物只能是萬性，所以也就是萬物萬理，郭象言「性分」就是要說明這個問題。萬物無不是在自己的性分之內而生、無不是在自己的性分之內而化、無不是在自己的性分之內而得。所以，郭象言「序萬物之性」就是要言萬物之「分」、之「化」、之「得」。

　　「性分」是萬物作爲存在自生、自得後的第一個規定，但是性分言的僅僅是性之分，對萬物之性並沒有給出一個統一性的規定，如果說萬物之性有一個統一性的規定，那麼這種統一性只能是「分」，也就是萬物是以「分」而在的。言「分」實際上是一個雜亂性，如果說萬物以「分」爲序，表面上看這是矛盾的，但是在郭象《莊子注》當中，其言「分」並不意味著亂，這是因爲和「性分」相對應郭象還言「獨化」。理解郭象「性分」的思想不能脫離「獨化」來理解，「性分」和「獨化」是相輔相成、不可分割的。如果萬物僅僅是以性分而存在，那麼就沒有辦法保證世界的秩序性。所以，郭象言性分的時候同時又言獨化。因爲萬物都是在自己的性分之內而化，但獨化是說每個萬物在自己性分之內而化的時候都是獨的，就是都不影響其他萬物的化，因此獨化在一定意義上言的是萬物之化的和諧狀態。萬物在性分基礎上的獨化不是無序的而是有序的，都以不影響他物之化爲序。郭象言「序萬物之性」就是言萬物之性乃是自得，而自得之性必然自化，而性之自化乃是獨化，這是「序萬物之性」非常重要的三個方面。關於「自得」、「自化」、「獨化」的涵義在前面的論述中已經做過詳細的說明，在這裡僅就這三者的關係再進行一下闡述。

　　首先考察一下「自得」與「自化」的關係。前面說過，郭象否定造物主的存在，而言「物各自造」、言「自生」。實際上，萬物之性在自生的意義上已經就是先天的獲得了，因爲其生代表了其在，其在代表其存，其存代表其性。所以，萬物之性是和自生一起獲得的，因此郭象言性是自得。但是言自得還是不夠的，自得之性的得僅僅是原初性的獲得，如果要保持這種原初性的得就要成就自身之得，實際上這就是自化了。萬物自得之性只有在自化的基礎上才能擺脫原初性的獲得而眞正成就自己的性，也就是眞正意義上的得性。所以，自得是自化的基礎也是自化的歸處。萬物之性因爲自得所以必自化，性因爲自化才能眞正成就自己的自得。

　　其次，考察一下「自化」與「獨化」之間的關係。這個問題在論述與化爲體的時候曾經做過區分，實際上自化和獨化同爲化其代表的涵義是有很大

的差別的。自化是萬物在自己的性分之內而化；獨化是萬物在不破壞他物的性分之內而化。所以，自化言的是萬物在化中同自身的關係，而獨化言的是萬物在化中同他物的關係。這種區分是非常重要的，正因為自化萬物的性分才得以保持其「分」，而正因為獨化萬物的性分才得以保持「和」。這一「分」一「和」恰恰揭示了萬物存在的真實狀態，如果只有「分」，沒有「和」，就無法說明萬物之間的關係到底是怎樣？但如果只有「和」，沒有「分」，則萬物存在的差異性就會被抹銷，萬物就又會追逐於外，而無法自得，因此也無法成就真正意義上的逍遙。

　　最後，考察一下「自得」和「獨化」之間的關係。自得是通過獨化來完成的，自化只是自得在性分之內的化，而獨化則是萬物在各自性分之間的化，也就是通過獨化，將萬物的自化聯繫到了一起。因此，自得就不但是在「分」的意義上的「得」也是在「和」的意義上「得」。而且，只有在和的意義上的自得，萬物之自得才得以完成，得以成就自身之得。可以看出，郭象言「序萬物之性」，就是理順萬物作為性分而存在之間的關係究竟是怎樣的？更重要的是以此為治世提供理論基礎。郭象言：「夫用天下者，必大通順序之道。」（《莊子・天道注》）所以，「序萬物之性」最終還是要為「用天下」而服務，「治人者必順序」，「治道先明天，不為棄賞罰也，但當不失其先後之序耳」（《莊子・天道注》）。

　　當然郭象「序萬物之性」的思想不僅限於此，他更要說明的是天人和合之道。言性分是為了尊重作為每個存在個人的價值，言自得是為了每個存在都獲得自己存在的意義，言自化是為了說明存在不要依存於他物只能依靠自身，言獨化是說明作為個體性的存在不要有為，不要影響和干涉其他個體性存在，而「序」正是要說明在這樣的情況下才能達到和諧有序，才能實現萬物的各自之「得」，用郭象的話說就是「神器獨化於玄冥之境」。

三、達死生之變

　　萬物雖然千變萬化，但人最關心的還是死生之變，要明內聖外王之道，需達死生之變。郭象並不是把死和生理解為存在之有和無的狀態，與其說死生所表達的是人的存在狀態還不如說死生是人存在的一種方式。在郭象看來，無論是死還是生無非是一種化，死和生都不具有單獨的意義。也就是說，拋開生說死，拋開死說生都是沒有意義的。郭象言萬物自生這個生是在創生

意義上而言的，其生生則是一種存在了。郭象言生死對待也是在生生的意義上言的，而不是在創生的意義上言的。

所以，生和死在郭象的《莊子注》中是一對不能分開的概念，萬物作為存在，在創生的意義上是自生，但在生生的意義上，生死則是自化。也就是說所謂的生死不過是萬物在自己性分之內的變化，「生」不是有而「死」也不是無，死生無非是萬物之化。郭象言：「死生者，無窮之變耳，非終始也。」（《莊子·秋水注》）因為郭象言自生，所以很多人對郭象關於生死之變的思想都不理解，實際上，郭象言生死不是在創生意義上的生死，而是在生生意義上的生死，也就是說，生死不過是萬物的一種存在狀態，所以生死就是萬物之化的一種。因為死生的問題相對人而言非常重要，所以郭象在《莊子注》中給予必要的重視，但是理解郭象的死生不能和郭象言的自生弄混，也就是要明白郭象是在生生的意義上言死生的。無論是生還是死都是萬物的自得，都是萬物的化。所以郭象言：

> 夫死生之變，猶春秋冬夏四時行耳。故死生之狀雖異，其於各安所遇，一也。今生者方自謂生為生，而死者方自謂生為死，則無生矣。生者方自謂死為死，而死者方自謂死為生，則無死矣。無生無死，無可無不可，故儒墨之辨，吾所不能同也；至於各冥其分，吾所不能異也。夫懷豁者，因天下之是非而自無是非也。故不由是非之塗而是非無患不當者，直明其天然而無所奪故也。（《莊子·齊物論注》）

可以從兩個方面來理解郭象關於死生的看法。第一從「自化」的角度來談，第二從「獨化」的角度來談。從自化的角度而言，死生無非是萬物在自己性分之內的自化，因此死生之化因於自然，不可改不可變，只能隨順。所以郭象言「死生之變，猶春秋多夏四時行耳」，只能各安所遇。但在獨化的角度而言，不能安於各自之獨化，以己生為生，以人死為死，將死和生相對待，所以各執一詞。郭象不贊成這樣去理解生死，認為這只是「儒墨之辨」。在郭象看來，以獨化觀死生，是各冥其分，也就是說不能以己之化來評判他人之化。這樣就無死生之是非之爭，所以才能「天然而無所奪」。郭象言：

> 人雖日變，然死生之變，變之大者也。彼與變俱，故死生不變於彼。斯順之也。明性命之固當。以化為命，而無乖迕。不離至當之極。（《莊子·德充符注》）

> 舊說雲莊子樂死忘生，斯說謬矣！若然，何謂齊乎？所謂齊者，生
> 事安生，死時安死，生死之情既齊，則無爲當生而憂死耳！此莊子
> 之旨耳。(《莊子‧至樂注》)

> 苟知性命之固當，則雖死生窮達，千變萬化，淡然自若而和理在身
> 矣。(《莊子‧德充符注》)

所以，死生的問題在郭象那裡只是個「自化」的問題，而「獨化」僅僅是約束死生不要超越自化，而在這個意義上而言死生又無不是萬物的獨化。我們就完全可以依據郭象對待「化」的態度來理解郭象的生死問題。如郭象言：

> 盡死生之理，應內外之宜者，動而以天行，非知之匹也。簡擇死生
> 而不得其異，若春秋冬夏四時行耳。已簡而不得，故無不安，無不
> 安，故不以生死概意而付之自化也。所遇而安。不違化也。死生宛
> 轉，與化爲一，猶乃忘其所知於當今，豈待所未知而豫憂者哉！已
> 化而生，焉知未生之時哉！未化而死，焉知已死之後哉！故無所避
> 就，而與化俱往也。(《莊子‧大宗師注》)

死生雖然是「變之大」，但是面對死生問題，人還是應該「適性」、「無心」、「與化爲體」，這樣死生變化就不能嚶嚀其身形，而人「隨天安之」，「死生變化，惟命之從」，故而「夫死生猶寤寐耳，於理當寐，不願人驚之，將化而死亦宜，無爲怛之也」(《莊子‧大宗師注》)。《莊子‧齊物論注》言：「故生時樂生，則死時樂死矣，死生雖異，其於各得所願一也，則何繫哉！」人如果能在死生的問題上保持這種無繫之情，則各安其所遇，無得無失，而明安身立命之本。

第二節　名教與自然

名教與自然的關係問題雖然在郭象的《莊子注》中沒有被明確地提了出來，但這並不意味著這個問題在郭象《莊子注》中不重要。名教與自然的關係，在郭象這裡並不像在其他玄學家那裡是緊張、對峙的關係。因爲，郭象所言的「自然」已經不具有超越性的意義，所以名教的問題不需要以超越名教的方式去解決。嵇康阮籍有感世事多僞，而求之以「越名教而任自然」。在郭象看來，名教是不需要越的，而嵇康阮籍所任的自然也本不在名教之外。

關於「名教」這個概念，郭象在《莊子注》中並沒有提出，現在學界關於名教的定義雖然也有些分歧，但大抵是有共識的，基本將其歸爲儒家的禮

製法度等等。先不深究名教的具體內涵，名教主要指對人的約制。一些玄學家之所以要「越名教而任自然」，就是因爲名教的約制阻礙或者損毀了人自身的情性，只有付之自然才能恢復人的情性。甚至更有放達之士，完全拋棄名教的約制，實際上這些已經超越嵇康阮籍的自然，而把自然理解爲任意所爲。名教和自然的衝突在任何一個時代都有，只是在魏晉時期表現得比較明顯，並且知識份子們對這個問題有著充分的自覺將其上陞爲共同關注的問題。所以，現在仍有很多學者把魏晉玄學的主要問題歸結爲「名教與自然」的關係問題。但是，這個問題到了郭象那裡，發生了變化。這個變化源於郭象對自然這一概念的理解。

在郭象的《莊子注》中，「自然」這一概念非常重要，前面也曾談過，郭象解《莊子》的通天地之統，就是統於「自然」。然而，這個自然不是一種實體性的存在，更不是一種統一性的道，而是自然而然、自爾的意思，自然是自成其所是。所以，在郭象這裡，名教沒有一個和其能相應的自然的概念，在郭象看來仁義禮智就是人的自然性情，因此郭象言：「夫仁義自是人之情性，但當任之耳。」（《莊子・駢拇注》）這一轉化是非常重要的，名教和自然之所以緊張、對峙，就在於持「名教」者，認爲「自然」在人情性之外，爲之有傷教化；持自然者，認爲人的情性不在「名教」中，而應在自然中求。所以，兩者都是以一種對待的關係理解對方，因而紛爭不斷。在郭象看來，外在於人的名教和外在於人的自然都是應該拋棄的，所以郭象言「當任之耳」。

實際上，郭象在「明內聖外王之道」的時候，已經將「本末」的問題轉化爲人的「內外」問題，這個轉化對郭象的思想的意義是十分巨大的，這個問題後面還要談。因爲以本末觀之，就存在著以名教爲本還是以自然爲本的問題，持於一端必產生分歧。而本末的問題一旦轉化成內外的問題，這種分歧就不存在了。因爲，名教、自然都在人的性分之內，並沒有什麼實質上的分歧，順任即可。而問題在於不要超越這個性分，不要有爲。無論是刻意地追求名教還是刻意地追求自然，都是對性分的破壞，都是一種「僞」。

關於「自然」的問題，在前面已經說明，下面僅就郭象對名教的代表「仁義禮智」等概念分析，看看郭象是如何處理名教與自然的關係的。郭象言：

> 夫仁義自是人情也，而三代以下，橫共囂囂，棄情逐迹，如將不及，
> 不亦多憂乎！（《莊子・駢拇注》）

> 夫仁義者，人之性也。人性有變，古今不同也。故遊寄而過去則冥，
> 若滯而繫於一方則見。見則僞生，僞生而責多矣。(《莊子·天運注》)
> 禮者，世之所以自行耳，非我制。知者，時之動，非我唱。德者，
> 自彼所循，非我作。(《莊子·大宗師注》)

可見，無論是「仁義」還是「禮智」都是人內在本有的，都在人的性分之內，
不是人爲的獲得，而是自然，因此對於性分之內只能是順任，任其自然、自
爾，否則無論是有意追求還是刻意摒棄，都是有爲，都是僞。郭象言：

> 夫與物無傷者，非爲仁也，而仁迹行焉；令萬理皆當者，非爲義也，
> 而義功見焉。故當而無傷者，非仁義之招也。然而天下奔馳，棄我
> 殉彼，以失其常然。故亂心不由於醜，而恒在美色；撓世不由於惡，
> 而恒(由)〔在〕仁義。則仁義者，撓天下之具也。(《莊子·駢拇注》)
> 夫軒冕斧鉞，賞罰之重者也。重賞罰以禁盜，然大盜者又逐而窮之，
> 則反爲盜用矣。所用者重，乃所以成其大盜也。大盜也者，必行以
> 仁義，平以權衡，信以符璽，勸以軒冕，威以斧鉞，盜此公器然後
> 諸侯可得而揭也。是故仁僞義賞罰者，適足以誅窮鉤者也。(《莊子·
> 胠篋注》)

郭象在這裡言的「仁義」，則是人有意而爲之的「仁義」，是「僞」，所以郭象
認爲「仁義連連，祇足以惑物，使喪其眞」(《莊子·駢拇注》)。如果在仁義上
不是順任、不任其自爾，則必會對人的性分造成傷害。所以，郭象認爲只有
順任自然、自爾才不至於使每個人失去性分而各自得。郭象言：

> 故多方於仁義者，雖列於五藏，然自一家自正耳，未能與物無方而
> 各正性命，故曰非道德之正。夫方之少多，天下未之有限，然少多
> 之差，各有定分，豪芒之際，即不可以相跂，故各守其方則少多無
> 不自得。(《莊子·駢拇注》)

郭象認爲應該各守其方，如果不這樣，那麼仁義就會成爲人的桎梏，成爲僞，
成爲難得之貨，人爭相資之，則「損身以殉之，此於性命，還自不仁也。身
(且)〔自〕不仁，其如人何」(《莊子·駢拇注》)。所以在郭象看來，應該「任
其性命乃能及人，及人而不累於己，彼我同於自得，斯可謂善也」(《莊子·駢
拇注》)。也就是不有意而爲之，聖人也不立仁義之名，則名教失去其外在的價
值和意義，都歸於人的情性、人的自然，所以也就不存在名教與自然的對立
了。

　　郭象把名教和自然的外在性的本末問題，轉化爲人的內在性的內外問題。既不重本息末，也不重末息本，而是消解本末於人而言的外在性，將問題轉到人自身，這樣人才可以「兩順」，不超於自己的性分之外，隨時而化不滯於一方，郭象言：「時移世異，禮亦宜變。故因物而無所繫焉，斯不勞而有功也」(《莊子・天運注》)；「夫知禮意者，必遊外以經內，守母以存子，稱情而直往也。若乃矜乎名聲，牽乎形制，則孝不任誠，慈不任實，父子兄弟，懷情相欺，豈禮之大意哉」(《莊子・大宗師注》)。

　　在郭象看來因物而遊外經內則無不得。所以郭象認爲，廟堂和山林並不相悖，「夫聖人雖在廟堂之上，然其心無異於山林之中，世豈識之哉」(《莊子・逍遙遊注》)。廟堂與山林之爭，表面上是人生的兩種不同選擇，實際上在郭象看來，二者沒有實質性的差別。堯之治和許由之隱都是一樣的，無非都是各適其性而已。郭象言：

　　　　論語曰：伯夷叔齊，餓於首陽之下。不言其死也。而此云死焉，亦欲明其守餓以終，未必餓死也。此篇大意，以起高讓遠退之風，故被其風者，雖貪冒之人，乘天衢，入紫庭，猶時慨然中路而歎，況其凡乎！故夷許之徒，足以當稷契、對伊呂矣。夫居山谷而弘天下者，雖不俱爲聖佐，不猶高於蒙埃塵者乎！其事雖難爲，然其風少弊，故可（遺）〔貴〕也。曰：「夷許之弊安在？」曰：「許由之弊，使人飾讓以求進，遂至乎之噲也；伯夷之風，使暴虐之君得肆其毒餌莫之敢亢也；伊呂之弊，使天下貪冒之雄敢行篡逆；唯聖人無迹，故無弊也。」若伊呂爲聖人之迹，則伯夷叔齊亦聖人之迹也；若以伯夷叔齊非聖人之迹邪，則伊呂之事亦非聖矣。夫聖人因物之自行，故無迹。然則所謂聖者，我本無迹，故物得其迹，迹得而強名聖，則聖者乃無迹之名也。(《莊子・讓王注》)

在郭象看來，無論是「伊呂」還是「伯夷叔齊」若強以聖人之名而名之，則是有爲、有迹，其爲和迹都可以被別人假藉以行禍事。所以，無論是在廟堂還是在山林，重要的不是身處何地而在於心在何處？所以，只要無心而順任，則無迹，「彼是相對，而聖人兩順之。故無心者與物冥，而未嘗有對於天下也」(《莊子・齊物論注》)。聖人無爲，則萬物莫不自然。

　　從上面可以看出，名教和自然之別、廟堂和山林之分主要在於，人們太在乎這些事情的迹而忽視了其所以迹。

　　　　顧自然之理，行則影從，言則向隨。夫順物則名迹斯立，而順物者
　　　　非爲名也。非爲名則至矣，而終不免乎名，則孰能解之哉！故名者
　　　　影向也，影向者形聲之桎梏也。明斯理也，則名迹可遺；名迹可遺，
　　　　則尚彼可絕；尚彼可絕，則性命可全矣。(《莊子·德充符注》)

迹是有爲而成，雖然可能不是有意而爲之，但都「終不免乎名」。而迹之名無
非就是桎梏，所以要把迹的名去掉，這樣就無從尚彼，無從尚彼則性命可全。
無論是名教還是自然，無論是廟堂還是山林，無非就是迹之名，如果只執著
於迹之名，則難免相尚、相效，因此，要消解掉迹之外名，而要因其所以迹，
這樣才能眞正做到無爲而無不爲。

　　在郭象這裡，他非常重視無爲，他言莊子只是「知無心」，而沒有達到「心
無爲」。知無心僅僅是在「知」的意義上知道無爲有益，而心無爲則是要在「爲」
上無心。這是非常不同的兩個觀點。所以，心無爲不是不爲，而是無心而爲，
這樣才能達到與物無待，才能達到順物而自化，無往而不冥，無不逍遙。

　　所以，在郭象這裡「名教與自然」並不相悖，說郭象的思想是「名教即
自然」也好，說郭象的思想是「越名教而任自然」也好，實際在根本上也就
是在無心上，名教和自然沒有什麼分際，無非都是人的性分之內，因此應該
無心而任化，去除有爲之迹，順尋無爲之所以迹，故名教無不是自然、自然
無不是名教。

一、廟堂與山林

　　在郭象看來，「廟堂」和「山林」無非是聖人應世的兩種不同態度，二者
並沒有實質的差別。郭象言：

　　　　夫神人即今所謂聖人也。夫聖人雖在廟堂之上，然其心無異於山林
　　　　之中，世豈識之哉！徒見其戴黃屋，佩玉璽，便謂足以纓紱其心矣；
　　　　見其歷山川，同民事，便謂足以憔悴其神矣。豈知至至者之不虧哉！
　　　　今言王德之人，而寄之此山，將明世所無由識，故乃託之於絕垠之
　　　　外，而推之於視聽之表耳。(《莊子·逍遙遊注》)

所以，郭象認爲，神和聖僅僅是內外的區別，而不是彼我之區別，郭象言：「神
人，即聖人也。聖言其外，神言其內」(《莊子·外物注》)。在這個意義上，「堯
許之行雖異，其於逍遙一也」(《莊子·逍遙遊注》)。但是，神人和聖人在什麼
意義上才達到這個逍遙之「一」呢？郭象言：

> 夫理有至極，外内相冥，未有極遊外之致而不冥於内者也，未有能
> 冥於内而不遊於外者也。故聖人常遊外以（宏）〔冥〕内，無心以順
> 有，故雖終日（揮）〔見〕形而神氣無變，俯仰萬機而淡然自若。夫
> 見形而不及神者，天下之常累也。是故睹其與群物並行，則莫能謂
> 之遺物而離人矣；睹其體化而應務，則莫能謂之坐忘而自得矣。豈
> 直謂聖人不然哉？乃必謂至理之無此。是故莊子將明流統之所宗以
> 釋天下之可悟，若直就稱仲尼之如此，或者將據所見以排之，故超
> 聖人之内迹，而寄方外於數子。宜忘其所寄以尋述作之大意，則夫
> 遊外（宏）〔冥〕内之道坦然自明，而莊子之書，故是涉俗蓋世之談
> 矣。(《莊子・大宗師注》)

郭象把孔子和方外數子對列，認爲莊子之意，並不是要人們外在的逍遙遣放、
遊談乎方外，在冥内遊外的意義上而言，孔子之行雖操勞萬物，但其神「無
異於山林之中」。所以，其「一」在於内外相冥，坐忘而自得，神、聖莫不如
此。郭象言：

> 夫能令天下治，不治天下者也。故堯以不治治之，非治之而治者也。
> 今許由方明既治則無所待之，而治實由堯，故有「子治」之言，宜
> 忘言以尋其所況。而或者遂云治之而治者堯也，不治而堯得以治者
> 許由也，斯失之遠矣。夫治之由乎不治，爲之出乎無爲也，取於堯
> 而足，豈借之許由哉！若謂拱默乎山林之中，而後得稱無爲者，此
> 莊老之談所以見棄於當塗，〔當塗〕者自必於有爲之域而不反者，斯
> 之由也。(《莊子・逍遙遊注》)

反過來，人們並不理解莊子之意，以爲堯和孔子都是有爲，而許由和方外
數子才是無爲，以爲只有「拱默乎山林之中」才能「得稱無爲者」。在郭象
看來，正是這種誤解使莊老之言「見棄於當塗」。無論是堯和孔子的治和應
務，還是許由和方外數子的隱和遊，只要能無心而任物自爾，萬物將莫不
自得，所以廟堂和山林不二。因此，可以看出，郭象言「廟堂」和「山林」
都是在聖人的所以迹上而言的，也就是都在無心的意義上而言的。所以郭
象言：

> 夫自任者對物，而順物者與物無對，故堯無對於天下，而許由與
> 稷契爲匹矣。何以言其然邪？夫與物冥者，故群物之所不能離也。
> 是以無心玄應唯感之從，泛乎若不繫之舟，東西之非己也，故無

行而不與百姓共者，亦無往不爲天下之君矣。以此爲君，若天下
自高，實君之德也（《莊子‧逍遙遊注》）

郭象雖然將「廟堂」「山林」對舉，但更傾向於廟堂，在其《莊子注》中
對堯和孔子多有褒揚，雖然《莊子》之言也有「老不及聖」之意，但是在《莊
子》中其「乘物以遊心」思想旨趣更讓人有「經崑崙，涉太虛，而遊惚悅之
庭」的感覺。而郭象已經把目光轉向有物之域，凡所論述皆不超性分之內。
所以，其思想更接近「經世致用」。如他注《莊子‧漁父》：

此篇言無江海而間者，能下江海之士也。夫孔子之所放任，豈直漁
父而已哉？將周流六虛，旁通無外，蠕動之類，咸得儘其所懷，而
窮理致命，（因）〔固〕所以爲至人之道也。

在郭象看來，漁父只是與江海無間，而孔子得至人之道，是與天下無間，這
種無間源於聖人無心。郭象言：

夫聖人之心，極兩儀之至會，窮萬物之妙數。故能體化合變。無往
不可，磅礴萬物，無物不然。世以亂故求我，我無心也。我苟無心，
亦何爲不應世哉！然體玄而極妙者，其所以會通萬物之性，而陶鑄
天下之化，以成堯舜之名者，常以不爲爲之耳。孰弊弊焉勞神苦思，
以事爲事，然後能乎！（《莊子‧逍遙遊注》）

正因爲聖人無心，所以其身雖在萬化當中，但順物而無對，「會通萬物之性，
而陶鑄天下之化」，聖人「以事爲事」，「不捨己以逐物」，因此，聖人雖然在
廟堂之上，然而心無異於山林之中。

雖然郭象在《莊子注》中沒有明言「名教與自然」的問題，但是其關於
廟堂和山林的闡述，足以表達郭象對這一問題的看法。聖人治世必以名教，
但聖人無心故而因物而立名，名因無心而立必順萬物之性，故而不違萬物之
自然，而正是在這個意義上說，名教和自然都是萬物之內在性，二者沒有實
質性差異。所以，在郭象這裡，名教和自然本就無實質性衝突，因而也就談
不上調和二者之間的矛盾。無論是出於廟堂的名教，還是出於山林的自然，
無非都是萬物萬化之性，只要萬物各適其性，各安其命。因此，聖人雖居廟
堂之上，但無心而順萬物，則萬物莫不自然，自然而然，所以萬物自化。故
而，聖人「然乘萬物，御群才之所爲，使群才各自得，萬物各自爲，則天下
莫不逍遙矣」（《莊子‧秋水注》）。

二、迹與所以迹

郭象之所以認爲廟堂和山林並不衝突是因爲二者不過是聖人應世的「迹」而不是「所以迹」。「迹」是聖人應世外在之名，而「所以迹」才是聖人應世的內在之實。郭象言：

> 夫堯舜帝王之名，皆其迹耳，我寄斯迹而迹非我也，故駭者自世。世彌駭，其迹愈粗。粗之與妙，自途之夷險耳，遊者豈常改其足哉！故聖人一也，而有堯舜湯武之異。明斯異者，時世之名耳，未足以名聖人之實也。故堯舜者，豈直一堯舜而已哉！是以雖有矜愁之貌，仁義之迹，而所以迹者故全也。（《莊子·在宥注》）

在郭象看來，「堯舜」不過是帝王之名，其應世之爲，就像道路一樣展現給人們，人們學習聖人治世之道，學的不是其每一步都是怎樣去走，不是學其走路的形態，而是學習其如何去走，其走路所因循的東西，而這才是聖人的所以迹。所以，法聖王所法的是其所以迹而不是迹。郭象批評一般意義上的法聖王，認爲這不過是法聖王之「迹」。郭象言：

> 法聖人者，法其迹耳。夫迹者，已去之物，非應變之具也，奚足尚而執之哉！執成迹以御乎無方，無方至而迹滯矣，所以守國而爲人守之也。（《莊子·胠篋注》）

所以，如果「尚」已去之「迹」並不是「法」聖人之「所以迹」，而「堯舜遺其迹，飾僞播其後，以致斯弊」（《莊子·庚桑楚注》）。聖人之迹不足以法，聖人無心而冥物、去名而止實，這才是聖王治世之道。郭象言：

> 名法者，已過之迹耳，非適足也，故曰臝然。無心者，寄治於群司，則其名迹並見於彼。（《莊子·則陽注》）

> 夫堯實冥矣，其迹則堯也。自迹觀冥，內外異域，未足怪也。世徒見堯之爲堯，豈識其冥哉！（《莊子·逍遙遊注》）

郭象認爲，世人所能看到的、所能效法的只是「聖王」之「迹」，所以聖王之名、之事不足以「法」。

> 堯舜者，世事之名耳；爲名者，非名也。故夫堯舜者，豈直堯舜而已哉？必有神人之實焉。今所稱堯舜者，徒名其塵垢秕糠耳。（《莊子·逍遙遊注》）

今人稱堯舜，只是見堯舜之名，這只是堯舜的迹，所以應該瞭解堯舜之所以爲堯舜不是他們所遺之迹，而是因爲他們的所以迹，這些才是「神人之實」，

這個實才是所以迹。因此，郭象認爲，「聖人者，民得性之迹耳，非所以迹也」（《莊子・馬蹄注》）。成就聖人之名的僅僅是聖人之迹，而成就聖人之爲聖人的乃是聖人的所以迹。郭象言：「所以迹者，眞性也。夫任物之眞性者，其迹則六經也。」（《莊子・天運注》）聖人能任物之眞性，因而物得其眞，如果僅僅看到聖人治世而沒看到聖人「無心而任物自化」，以爲聖人之治在有爲，則是僅僅看到了聖人之迹而沒看到聖人的所以迹。郭象言：

> 夫無心而任乎自化者，應爲帝王也。夫有虞氏之與泰氏，皆世事之迹耳，非所以迹者也。所以迹者，無迹也，世孰名之哉！未之嘗名，何勝負之有耶！然無迹者，乘群變，履萬世，世有夷險，故迹有不及也。夫以所好爲是人，所惡爲非人者，唯以是非爲域者也。夫能出於非人之域者，必入於無非人之境矣，故無得無失，無可無不可，豈直藏仁而要人也！夫如是，又奚是人非人之有哉！斯可謂出於非人之域。任其自知，故情信。任其自得，故無僞。不入乎是非之域，所以絕於有虞之世。（《莊子・應帝王注》）

從這段話中可以看出，聖人之所以爲聖人並不在於人們所看到的迹，而是其所以迹，也就是郭象所說的「無迹」。正因爲無迹所以世人很難名之。無名所以世人也就無法尚之。不尚之則萬物自化，而物自得性聖自得成。但是，這僅僅是郭象的一個理想。因爲聖人治世，其迹必彰於世，所以從聖人的角度而言不與「彰與不彰」爲對就行，而相對於世人而言，則不尚聖人所彰之迹即可。郭象言：

> 夫竭脣非以寒齒而齒寒，魯酒薄非以圍邯鄲而邯鄲圍，聖人生非以起大盜而大盜起，此自然相生，必至之勢也。夫聖人雖不立尚於物，而亦不能使物不尚也。故人無貴賤，事無眞僞，苟效聖法，則天下吞聲而闇服之，斯乃盜蹠之所至賴而以成其大盜者也。（《莊子・胠篋注》）

> 夫聖迹既彰，則仁義不眞，而禮樂離性，徒得形表而已矣。有聖人即有斯弊，吾若是何哉！（《莊子・馬蹄注》）

> 自三代以上，實有無爲之迹。無爲之迹，亦有爲者之所尚也，尚之則失其自然之素。故雖聖人有不得已，或以槃夷之事，易垂拱之性，而況悠悠者哉！（《莊子・駢拇注》）

實際上，在郭象看來一些聖人之所以選擇拱默、山林正是因爲要逃避有爲之迹對世事的傷害，使人無所迹之。但是，拱默、山林也無非是世之迹，

而不是無迹。所以即使出世也不能離迹，難免被世人效仿。郭象言：「所謂無為之業，非拱默而已；所謂塵垢之外，非伏於山林也。其所以觀示於眾人者，皆其塵垢耳，非方外之冥物也。」（《莊子·大宗師注》）所以，在郭象看來，聖人之行不在於廟堂和山林而在於「有心和無心」。堯許之行雖異，但其心不二。所以，世之紛亂不在於有聖而在於有可尚之迹。正是在這個意義上而言，郭象並不贊成「出世」之行。《莊子》有言：

> 由是觀之，善人不得聖人之道不立，蹠不得聖人之道不行；天下之善人少而不善人多，則聖人之利天下也少，而害天下也多。（《莊子·胠篋》）

郭象解之：

> 信哉斯言！斯言雖信，而猶不可亡聖者，猶天下之知未能都亡，故須聖道以鎮之也。群知不亡而獨亡（於）聖知，則天下之害又多於有聖矣。然則有聖之害雖多，猶愈於亡聖之無治也。雖愈於亡聖，故未若都亡之而無害也。甚矣！天下莫不求利，而不能一亡其知，何其迷而失致哉！

在郭象看來，問題不在於「存聖」還是「亡聖」而在於去群知。有知則求利，求利則失其性，所以只有去知才能使群生不「迷而失」。所以郭象言：

> 夫禹時三聖相承，治成德備。功美漸去，故史籍無所載，仲尼不能（間）〔問〕，是以遂雖有天下而不與焉，斯乃有而無之也。故考其時，而禹為取優，計其人，則雖三聖故一堯耳。時無聖人，故天下之心俄然歸啟，夫至公而居當者，付天下於百姓，取與之非己。夫失之不求，得之不辭，忽然而往，侗然而來。是以受非毀於廉節之士而〔已，其〕名列於三王，未足怪也。莊子因斯已明堯之弊。弊起於堯而完成於禹，況後世之無聖乎！寄遠迹於子高（便）〔使〕棄而不治，將以絕聖而反一，遺知而寧極耳，其實則未聞也。夫莊子之言不可以一塗詰，或以黃帝之迹禿堯舜之脛，豈獨貴堯而賤禹哉！故當遺其所寄，而錄其絕聖棄知之意焉。（《莊子·天地注》）

可見，郭象反對的是腐儒所守的迹而不是否定聖王存在的意義，他在《莊子注》多次提到儒家名教之仁義，認為仁義雖是人之情性，但是一旦將仁義固定化為某種特定的涵義，則是「用迹以治迹」，則是天下大害。郭象言：

> 夫仁義自是人情也，而三代以下，橫共囂囂，棄情逐迹，如將不及，
> 不亦多憂乎！（《莊子‧駢拇注》）
>
> 兼愛之迹可尚，則天下之目亂矣。以可尚之迹，蒿令有患而遂憂之，
> 此爲陷人於難而後拯之也。然今世正謂此爲仁也。（《莊子‧駢拇注》）

所以，在郭象看來仁義乃是「撓天下之具」，聖人治世不是爲了使人都具有仁義之性，而是無心以順性，郭象言：「聖人無心，任世之自成。成之淳薄，皆非聖也。聖能任世之自得耳，豈能使世得聖哉！故皇王之迹，與世俱遷，而聖人之道未始不全也」（《莊子‧繕性注》）。

　　從郭象對「迹」和「所以迹」的闡述中可以看出，無論是名教還是自然都有迹和所以迹，在「迹」的方面，名教和自然表現出明顯的差異性，但是在「所以迹」的方面，名教和自然是和諧一致的。所以，在郭象《莊子注》中，他無論是否有意調和儒、道之間的紛爭，在一定意義上的確促進了二者之間的融合。儒家的應世和道家的出世在所以迹的層次並沒有實質的分際，只是聖人選擇的兩種不同的治世態度。那麼，迹的根據究竟是什麼？也就是如何理解這個所以迹？郭象認爲，「所以迹」就是「無迹」、「無爲」。

三、有爲與無爲

　　郭象認爲，「無爲」乃是真正的「所以迹」。廟堂無異於山林也在於聖人的無心、無爲。無爲並不是不爲，而是任人自爲。郭象言自化和獨化，實際上就是無心而順物，任物自然、任物自爾，就是無爲。所以郭象言：

> 窈冥昏默，皆了無也。夫莊老之所以屢稱無者何哉？明生物者無物，
> 而物自生耳。自生耳，非爲生也，又何有爲於已生乎！（《莊子‧在
> 宥注》）
>
> 巧者有爲，以傷神器之自成；古無爲者，因其自生，任其自然，萬
> 物各得自爲。蜘蛛猶能結網，則人人自有所能矣，無貴於工倕也。（《莊
> 子‧天下注》）

郭象用蜘蛛結網來說明無爲之功，萬物自生所以各有所能，無爲就是任萬物自爲而不去干涉萬物的所爲，所以郭象言無爲是從萬物之間的關係上而言的。而相對於某個具體存在著的萬物而言則是自爲。所以，聖王治世，不在於其「治」，而在於其能「無爲」而任物自爲。郭象言：「故所貴聖王者，非

貴其能治也，貴其無為而任物之自為也。」（《莊子・在宥注》）任物自為實際
上就是任萬物各自所能為，所以不同的萬物其所能為也不一樣，因此在無為
這個問題上，不同的萬物所表現出來的無為也是不同的。郭象言：

> 故退則巢許之流，進則伊望之倫也，夫無為之體大矣，天下何所不
> （無）為哉！故主上不為冢宰之〔所〕任，則伊呂靜而司尹矣；冢
> 宰不為百官之所執，則百官靜而御事矣；百官不為萬民之所務。則
> 萬民靜而按其業矣；萬民不易彼我之所能，則天下之彼我靜而自得
> 矣。故自天子以下至於庶人，下及昆蟲，孰能有為而成哉？事故彌
> 無為而彌尊也。（《莊子・天道注》）

可以看出，聖王進退雖有不同，但皆以不干涉冢宰之所任為「無為」；冢宰皆
以不干涉百官之所持為「無為」；百官皆以不干涉萬民之所務為「無為」，萬
民皆以不易彼我之所能為「無為」。所以，郭象言無為不是不為，而是各當己
能，不干涉他人的自為。所以郭象言：

> 夫工人無為於刻木，而有為於用斧；主上無為於親事，而有為於用
> 臣。臣能親事，主能用臣；斧能刻木，（而）工能用斧。各當其能，
> 則天理自然，非有為也。若乃主代臣事，則非主矣；臣秉主用，則
> 非臣矣。故各司其任，則上下咸得，而無為之理至矣！（《莊子・天
> 道注》）

在郭象看來，物各有性、性各有極，萬物皆在自己的性分之內任己之能，此
為不能稱為有為，而是「無為」。因為這種有為是萬物在自己的性分之內而自
動、自化，所以郭象言：「以性自動，故稱為耳。此乃真為，非有為也」（《莊
子・庚桑楚注》）。因此，郭象反對那種以隱默山林為「無為」的說法。郭象言：

> 任之於五藏猶忘，何物足識哉！未始有識，故能放任於變化之塗，
> 玄同於反覆之波，而不知終始之所極也。理而冥往也。所謂無為之
> 業，非拱默而已；所謂塵垢之外，非伏於山林也。其所以觀示於眾
> 人者，皆其塵垢耳，非方外之冥物也。子貢不聞性與天道，故見其
> 所依而不見其所以依也。夫所以依者，不依也，世豈覺之哉！（《莊
> 子・大宗師注》）

> 無為之言，不可不察也。夫用天下者，亦有用之為耳。然自得此為，
> 率性而動，故謂之無為也。今之為天下用者，亦自得耳，但居下者
> 親事，故雖舜禹為臣，猶稱有為。故對上下，則君靜而臣動；比古

今，則堯舜無爲而湯武有事。然各用其性，而天機玄髮，則古今上
下無爲，誰有爲也！（《莊子‧天道注》）

在郭象看來有爲無爲不能從所爲之事上看，而應該從「性分」上看，如果萬
物各在自己的性分之內自爲，任己之性，這就是無爲。所以郭象言：「無爲者，
非拱默之謂也，直各任其自爲，則性命安矣。」（《莊子‧在宥注》）而且，任
物之性不是不用物，而是用物之用，郭象言：「惑者聞任馬之性乃謂放而不乘，
聞無爲之風遂雲行不如臥，何其往而不返哉！斯失乎莊生之旨遠矣。」（《莊子‧
馬蹄注》）這種用物之用是「不得已而後起者」，並不是有爲，而是無爲。郭象
言：「不得已者，非迫於威刑也，直抱道懷樸，任乎必然之極，而天下自賓也。」
（《莊子‧在宥注》）

郭象言「無爲」，實際上是因爲「有爲」則傷性，不能止於萬物之當。《莊
子》有言：

夫大道不稱，大辯不言，大仁不仁，大廉不嗛，大勇不忮。道昭而
不道，言辯而不及，仁常而不周，廉清而不信，勇忮而不成。五者
無成而幾向方矣！（《莊子‧齊物論》）

郭象解之：

此五者，皆以有爲傷當者也，不能止乎本性，而求外無已。夫外不
可求而求之，譬猶以圓學方，以魚慕鳥耳。雖希翼鸞鳳，擬規日月，
此愈近彼，愈遠實，學彌得而性彌失。故齊物而偏尚之累去矣。

所以，無爲就是止於性分之內，任物自然自爾，率性而自動，自動而自化，
自化而自得。但世人卻認爲這樣是不爲，認爲不爲則不治，郭象認爲：「世以
任自然而不加巧者爲不善於治也；揉曲爲直，厲駑習驥，能爲規矩以矯拂其
性，使死而後已，乃謂之善治。不亦過乎」（《莊子‧馬蹄注》）。所以，郭象
強調要無爲，只有做到無爲，「則天下各以其無爲應之。」郭象言：

夫以蜘蛛蛣蜣之陋，而（能）布網轉丸，不求之於工匠，則萬物各有
（所）能也。所能雖不同，而所習不敢異，則若巧而拙矣故善用人者，
使能方者爲方，能圓者爲圓，各任其所能，人安其性，不責萬民以工
倕之巧。故眾技以不相能似拙，而天下皆（自）〔因其〕能則大巧矣。
夫用其自能則規矩可棄而妙匠之可擾也。（《莊子‧胠篋注》）

夫至仁者，百節皆適，則終日不自識也。聖人在上，非有爲也，恣
之使各自得而已耳。自得其爲，則眾務自適，群生自足，天下安得

> 不各自忘（我）哉！各自忘矣，主其安在乎？斯所謂兼忘也。（《莊
> 子・天運注》）

在郭象看來，無爲才能使萬物各任其事，各盡己能。這樣萬物才能不相
爲用，而各用己用。正是在這種無爲中，卻成就了萬物的自爲。所以，才能
「神器獨化於玄冥之境」。那麼，如何才能做到「無爲」呢？郭象言：

> 足能行而放之，手能執而任之，聽耳之所聞，視目之所見，知止其
> 所不知，能止其所不能，用其自用，爲其自爲，恣其性內而無纖芥
> 於分外，此無爲之至易也。無爲而性命不全者，未之有也；性命全
> 而非福者，理未聞也。故夫福者，即嚮之所謂全耳，非假物也，豈
> 有寄鴻毛之重哉！率性而動，動不過分，天下之至易者也；舉其自
> 舉，載其自載，天下之至輕者也。然知以無涯傷性，心以欲惡蕩眞，
> 故乃釋此無爲之至易而行彼有爲之至難，棄夫自舉之至輕而取夫載
> 彼之至重，此世之常患也。（《莊子・人間世注》）

萬物各自有性，無爲就是順萬物之性而任其自化，任萬物在其性分之內成就
其自身的存在。實際上就是要「率性而動，動不過分」。「知」、「心」要有止，
應該止於自己的性分。

從前面的闡述中可以看出，郭象強調無爲重要在於無心，因爲有心則以
己制物，不能任物自爲。而且，郭象認爲莊子僅僅是「知無心」，也就是莊子
僅僅知道「無心」之有益，但還沒做到「心無爲」。因爲心無爲是要在心上去
除己爲之意欲，但並不是去除己爲。只要是在自己的性分之內，所有的爲又
都是無爲，這種爲實際上就是在自己性分之內的自爲，是爲之實，因此也是
無爲。所以郭象言：「名止於實，故無爲；實各自爲，故無不爲。」（《莊子・
則陽注》）名教與自然在一定意義上而言也都僅僅是名，如不能各止於實，則
各有其弊；而只有「名止於實」，這才是無爲，而「實各自爲，故無不爲」，
故而，在實的意義上都是無爲，都是任萬物自爲。所以，也是在無爲的意義
上而言，郭象《莊子注》中名教和自然並無分際。

第三節　天人之際

郭象最終所究的乃是天人之際的問題，然而這個問題不是人和天命、天道
或者主宰之天的關係，而是人和自己的關係。在郭象看來，「天地」乃萬物的總

名，不是萬物生成的造物主，天不過就是自然。郭象言：「天者，自然也。自然既明，則物得其道也。」（《莊子‧天道注》）作爲有物之域中的人只要順任自然，便可以達成自己之天，「任其自然，天也」。所以在郭象這裡，天人之際的問題轉化爲人如何能和自己的自然、也就是和自己的性分保持一致的問題，也就是前面談的得性。郭象言：「任其天性而動，則人理亦自全矣。」（《莊子‧達生注》）

這樣，郭象把對有物之域中萬物的探討，最終落實到對人的存在的探討。在郭象這裡，對人的存在的探討從外在性轉向內在性。人的存在外在性是指人在存在的過程中受外在於人的因素制約，存在的過程不是成就人自身而是爲了某種統一性的價值或外在的目的。比如在《莊子》中也談人的逍遙問題，逍遙不過是對世俗禁錮的反對，在價值的意義上似乎比世俗禁錮更高，但是從人自身存在來看，也不過是一種外在性的「價值訴求」，《莊子》中並沒有完全把逍遙作爲人的內在的眞性來看待。人的存在的內在性則不同，不但將人存在的根據轉向人自身的存在，人存在的方式和狀態也都是由自己決定的。所以，其所實現的逍遙只是人在自己性分之內展開、成就自己的存在。

實際上，也只有人的存在才有所謂的得性、失性的問題，物無不自然，但人不斷「撓之」。「物各有性」、「性各有極」，所以人只有安於自己的性分之內，人和物才會相安，人和人才會無事。人之所以會打破萬物自然的存在，就是因爲人是有心、有情的，在郭象看來「有心爲之，人也」。所以，想要萬有各得其性，就要將人的有心去除，因此，郭象非常重視「無心」，因爲無心就不會干擾其他存在的存在，「天地亦無心而自動」。這樣萬物就會僅僅在自己的性分之內而動，每個作爲存在的萬物才能得自己之性，得性也就是逍遙。

> 以性自動，故稱爲耳。此乃眞爲，非有爲也。（《莊子‧庚桑楚注》）

> 率性而動，故謂之無爲也。（《莊子‧天道注》）

> 至人知天機之不可易也，故捐聰明，棄知慮，魄然忘其所爲而任其
> 自動，故萬物無動而不逍遙也。（《莊子‧秋水注》）

實際上，這種無爲而自動就是化，而萬物在自己性分之內的化就是自化。萬物以自己的性分而自然獨化，則無往而不逍遙，必將達於玄冥之境。

「玄冥之境」表現在人世當中，可以通過「順天應人」而上達。所謂順天應人，就是作爲存在的人不違自己的性分，在自己的自然中去無心任化。這樣人才能不失自己的天而眞正成爲自己。郭象的順天應人並不是說人有個共同的天命，順乎這個天命人才能成爲自己，而是說人的命運就在自己手上，

沒有一個外在的天命，天無非就是自然也就是自然而然，人的存在無非就是自然，就是以自然的方式去存在，不去和自己所獲得的性分相對抗，適性才能得性，才能真正獲得自己的存在。因為每個人都有各自的天，每個人如果想獲得自己的存在，都不能違自己的天。所以，只有做到順天、自然，人才會獲得自己的存在。這樣，作為存在的個體不但獲得自己存在的價值和意義，而且直接擁有了自己的存在。人的存在不是外在價值所給予的，而是自己去存在而獲得的。

因萬物以性分之自化和獨化而在，自化使萬物保持自己之性；獨化使萬物彼此無待。所以，萬物存在的最高價值就是「和而不同」。實際上，郭象的玄冥之境就是一種和的狀態。在郭象這裡，和而不同是有著邏輯的先後順序的，也就是說不同在邏輯上是為先的，在不同的基礎上才能達和，這樣就充分肯定了個體存在的價值和意義。個體存在在其存在的過程當中就能達到和。而儒家的「和而不同」是個下達，是在和的基礎上求不同，既然和已定，則不同最終只能是「無不同」。郭象把作為個體的存在打開了，不但具有了存在的價值，而且也具有了開放性，和就不是一個先天已成的東西，而變成了一種「未完成」，個體存在在這種開放式的存在當中，才能真正獲得自己存在的價值和希望。

有物之域中的萬物作為存在，一開始僅僅是獲得自己的存在，但是獲得性沒有任何意義和價值，因為無物不是獲得性存在。物和物在這個獲得性上是毫無差別的，而性分就意味著獲得性的存在在其存在性上是有差別的，也就是說獲得性的存在只有去存在，才能證得自己的存在，否則的話存在僅僅是一種獲得性而無任何價值。所以，郭象哲學思想最終所達到的高度，是把人的存在和物的存在區別開來，又把人和他人的存在區別開來。並且，存在只有在「去存在」的意義上才能成就自身。當然他是以一種道家的方式：「適性、無心而任自化」，所成就的則是人在有物之域當中成就自己的存在，而這才是真正的「逍遙」。

可見，郭象遣造物之主，而明有物之自造；定物各有性，而知性各有分；求適性而動，而達無心任化；所以能「通天地之統，序萬物之性，達死生之變，而明內聖外王之道」，「內聖外王之道」已明，則名教中自有自然，自然也不落名教之外，進而順天應人、和而不同，臻逍遙於有物之域。

一、順天應人——人的內在性

　　郭象非常重視天人關係，郭象言性分、適性、無心、自化，在一定意義上而言，都是讓人們理解人生在世應該和自己的自然相順，不要違背自己的天然。正像前面所說的，在郭象這裡他把人生在世的主要矛盾轉向了人自身的存在，無論是從根據上而言還是從出路上而言，郭象所尋找的都不是外在於人的超越性，而是希望在人自身的存在的過程當中，通過人自身的「性動」成就自身的存在。

　　在前面講過「物各有性」、「性各有極」，在「性分」的意義上而言，萬物的存在呈現出差異性。但是，郭象也言「命」，他認為命不是外物賦予萬物的，而是在萬物當中先天所具有的。這個「命」表現在人生在世之中則為人的「天」、「天命」。郭象言：「人之生也，可不服牛乘馬乎？服牛乘馬，可不穿落之乎？牛馬不辭穿落者，天命之固當也。苟當乎天命，則雖寄之人事而本在乎天也。」（《莊子·秋水注》）在郭象看來，「牛馬不辭穿落」乃是「天命之故當」，所以在人之生裏，「服牛乘馬」也是人的「天命」，不可「辭」。在《莊子》中有言：

> 曰：「何謂天？何謂人？」北海若曰：「牛馬四足，是謂天；落馬首，
> 穿牛鼻，是謂人。」故曰：「無以人滅天，無以故滅命，無以得殉名。
> 謹守而勿失，是謂反其真。」（《莊子·秋水》）

《莊子》中把馬和牛的自然生理狀況看成是天，把人對牛馬的穿落看成是人為，人為「反真」就要「無以人滅天」。但在郭象看來，「牛馬不辭穿落」乃是「天命之故當」，也就是說郭象和《莊子》的視角是不一樣的。從外在於人的角度看，人的有為是對天的傷害；但從人的角度，順物自然也是天，不是人的有為。所以，在郭象看來，《莊子》言「牛馬之穿落」是「寄之人事而本在乎天」，而這個天乃是站在人的立場上的「天」。郭象言「穿落之可也，若乃走作過分，驅步失節，則天理滅矣。」（《莊子·秋水注》）「穿落」是可的，只要不「過用」其「能」，則天理不失。

　　所以，在郭象《莊子注》中言天人關係，就不是言外在於人的超越性之天，而是言人與自己的性分相適之天，郭象提出要「順天應人」。在郭象看來，順天也就是順應天命則人性得全。天和人沒有實質性矛盾，天是人的內在本有的規定，而人則是天的承載者和實現者。郭象言：

> 所謂人之非天乎？雖知盛，未若遺知任天之無患也。夫知者未能無
> 可無不可，故必有待也。若乃任天而生者，則遇物而當也。有待則

> 無定也。我生有涯，天也；心欲益之，人也。然此人之所謂耳，物
> 無非〔天也〕。天也者，自然者也；人皆自然，則治亂成敗，遇與不
> 遇，非人爲也，皆自然耳。（《莊子・大宗師注》）

在郭象看來，人之所以和天之間有隔閡在於人有心。這個有心是有欲之心。
郭象反對是心有欲，因爲「有欲」就會超越自己的性分，就會失性。只要能
心不欲，也就是無心或心無爲，人就不會失去自己之天，「治亂成敗」、「遇與
不遇」都是人的自然。

　　實際上，在郭象看來「物無非天也」，因此物皆不違天，但是因爲人是有
爲、有心的，所以才出現違天的情況。這裡，郭象言人不是從人的存在性上
而言，而是人在自己的存在過程中，存在著「以人爲違天」的情況。所以郭
象言：「任其自然，天也。有心爲之，人也。」（《莊子・庚桑楚注》）可以看出，
在上面那句話中，天不是一種外在性的存在，也不具有任何的主宰性的性質。
在郭象《莊子注》中，在一定意義上天地是萬物的總名，另外天更有自然、
法則的意義，郭象言：「夫天且不能自有，況能有物哉！故天者，萬物之總名
也，莫適爲天，誰主役物乎？故物各自生而無所出焉，此天道也。」（《莊子・
齊物論注》）而且，郭象言天經常是「天人」對舉，是通過對天的闡述而揭示
人的存在。

　　郭象言：「天，無爲也。」（《莊子・在宥注》）「有爲而致惡者乃是人。」（《莊
子・庚桑楚注》）所以，郭象言天，就是要去除人的有爲，認爲人的有爲只能
致惡。郭象言：「人在天地之中，最能以靈知喜怒擾亂群生而振蕩陰陽也。故
得失之間，喜怒集乎百姓之懷，則寒暑之和敗，四時之節差，百度昏亡，萬
事失落也。」（《莊子・在宥注》）但是，郭象並不是反對人爲，他反對的只是
有心、有情的欲爲，自然而爲郭象是不反對的。郭象言：「夫率性直往者，自
然也；往而傷性，性傷而能改者，亦自然也。」所以，郭象言「順天應人」，
就是要使人的有爲回歸到自己的性分之內，回歸到自己的眞性當中，「眞在性
分之內。」由此可以看出，郭象言天人是在人的內在性的基礎上言的，是在
人的性分之內言的。

　　在郭象看來，人的「天」並不在人之外，也並不是和「人」對立，《莊子》
有言：

> 故曰：天在內，人在外，德在乎天。知天人之行，本乎天，位乎德。
> （《莊子・秋水》）

郭象解之：「此天然之知，自行而不出乎分者也。故雖行於外而常本乎天而位乎德矣。」郭象用「自行而不出乎分」將「天在內，人在外」轉化爲「雖行於外而常本乎天而位乎德」，也就是說人之所行，都是自行，就是說人的天只能是行，因此其德雖然本乎天，但其本仍然是人的性分之內。所以，郭象將不可知、不可求的天轉化爲人的「內在之天」，這樣雖然也是不可知、不可求，卻可以順任。郭象言：「天然在內，而天然之所順者在外。故大宗師云：『知天人之所爲者，至矣』。」（《莊子・秋水注》）所以，在天人關係上，郭象把天人的外在矛盾性轉化爲人自身的性與心之間的矛盾，而只要「無心而適性」，這個矛盾就很好化解了。郭象言：

> 苟足於天然而安其性命，故雖天地未足爲壽而與我並生，萬物未足爲異而與我同得。則天地之生又何不並，萬物之得又何不一哉！萬物萬形，同於自得，其得一也。已自一矣，理無所言。（《莊子・齊物論注》）

這樣郭象就把天人的矛盾轉化爲人自身的「足於天然而安其性命」的問題。在郭象看來，人之生是有其天然或性命的，只是這個天然或性命並不是什麼實質性的規定，而是人的存在狀態以其自身爲根據不脫離自己的性分，這個性分不是認識的對象而是需要人以自己的存在去成就的對象。所以郭象主張對於成就性分不在於去知人的天或天命是什麼，而在於順性而動。郭象言：「民之所患，僞之所生，常在於知用，不在於性動也。」（《莊子・達生注》）所以，只要人「任其天性而動，則人理亦自全矣」（《莊子・達生注》）。順天性而動就是要「無心」、「無情」。郭象言：

> 無情，故浩然無不任。無不任者，有情之所未能也，故無情而獨成天也。（《莊子・德充符注》）

> 知天人之所爲者，皆自然也；則內放其身而外冥於物，與眾玄同，任之而無不至者也。天者，自然之謂也。（《莊子・大宗師注》）

正是在這個意義上而言，人才能不違自己之天，「內放其身而外冥於物」則能「天人和合」而無不至。這樣，天人的關係在郭象那裡表現爲「順天應人」，每個人在自己的天然之內成就自身的存在。

二、和而不同——人的個體性

　　郭象言順天應人，是把人和天的對待關係轉化爲人自身存在的性和命的

關係，實際上就是把天人的關係內在化了、人化了。郭象這種轉化的意義是巨大的，正因爲去除了外在性的、超越性的存在對萬物存在的決定性意義，萬物想要成就自身的存在就要轉回自身。所以，這個問題上陞到人世，每個人的存在都是自己存在，不受其他任何外在的東西的干擾。只有這樣才能使人獲得其性，在存在的意義上達到自身的全。這樣，每個作爲存在的個人，都在保有自己的獨立性的基礎上，又和其他作爲獨立的個人共在。

郭象言「物各有性」是言個體性存在，言「性各有極」的性分，則是言每個個體性存在的共在；郭象言「自化」是言每個個體性存在在自己的性之內化，郭象言獨化則是言每個個體性存在的性分之內的共化；郭象言人，去除有爲的涵義，是言每個個體性存在的個人的獨特性，郭象言天是言每個作爲個體性存在的個人所共同遵守的法則。所以，在郭象這裡雖然在最高的意義上每個個體性的存在都能達到一致性，但都是以差異性爲基礎的，郭象將萬物的這種存在狀態把握爲「和而不同」。郭象言：

> 反覆與會，俱所以爲正身。形不乖迕，和而不同。就者形順，入者遂與同。和者（以）義濟，出者自顯伐（也）。若遂與同，則是顛危而不扶持，與彼俱亡矣。故當（摸）〔模〕格天地，但不立小異耳。自顯和之，且有含垢之聲；濟彼之名，彼將惡其勝己，妄生妖孽。故當悶然若晦，玄同光塵，然後不可得而親，不可得而疏，不可得而利，不可得而害。不小立圭角以逆其鱗也。（《莊子·人間世注》）

在郭象看來，萬物之存在不能以他物的存在爲正，只能以己身爲正，所以在存在的層面上言，每個存在都是不同的，這個問題在談性分的時候已經說明了。但人的存在是需要成就其爲存在的，人在存在的過程中其存在本身雖然有獨特性，但是從其成就自身存在這個層面上而言，又是通的，所以郭象言「和」、「玄同」，也就是說，只要人在自己的性上成就自身的存在，就必然達到「和」、「玄同」。郭象言：

> 人之生也，形雖七尺而五常必具，故雖區區之身，乃擧天地以奉之。
> 故天地萬物，凡所有者，不可一日而相無也。一物不具，則生者無由得生；一理不至，則天年無緣得終。（《莊子·大宗師注》）

正因爲萬物不可以相無，所以這個和、玄同則是萬物共在的一種狀態。從前面的闡述中也可以看出，這種共在是郭象哲學思想的內在邏輯決定的。作爲儒家和道家，對人生在世的這種共在狀態都有所探求，但是在郭象以前，無

論是儒家還是道家，這種共在狀態只是一種人生價值或人生理想，是人所外在追求的的對象。但是，經過郭象的轉化，這種共在已經不是一種外在的理想性，而是作為每個存在其成就自身存在的必然性結果。所以，「和而不同」的問題在郭象這裡不同是邏輯在先，而和是不同的必然結果。

很多學者都在討論郭象思想中的個體性問題，郭象言的個體性問題並不是他有意而為之的，而是他思想的必然的邏輯結果。郭象遣造物之主，在生存論的意義上否定了超越性的存在。另外，郭象對抽象的有、無的否定，使其立論的基礎轉向有物之域。實際上，在有物之域中，萬物的存在千差萬別，僅僅看到這種差異性絕對不是哲學家所應達到的高度，因為作為最普通的人對這種差異性的感受是最直接和本真的。所以，郭象的貢獻並不在於指出這種差異性，而在於他為這種差異性尋找合理的基礎，並通過哲學的方式加以證明。更為重要的在於，郭象認為這種差異性的存在本身就是絕對的價值，而不是要人們尋找超越自己存在之外的任何價值。所以，在郭象這裡哲學的立論發生了本質性的變化，正因為從外在性轉向了內在性，所以郭象言個體性才有了堅實的基礎。在個體存在的內在性上而言，其只要以自身而存在，就能成就其存在。這種成就自身存在的方式完全是內在的。這種方式在當時解決人生的困境是十分有效的。莊子對人生的退避多少保有精神上的自我安慰，但是郭象的應對則是讓人們知道人生無可退避，安於己命，在自己存在的基礎上成就自身就可以了。

由此可以看出，郭象言「和而不同」是以不同為立論基礎的，因為缺乏了統一性的基礎，所以個體的存在只有以自身的去存在，才能成就自身。也就是說，缺乏了統一性的基礎，個體存在的價值就成為一個待解決的問題，而這個待解決的問題就不是通過論證可以解決的，必須通過作為個體性存在的存在去存在才能解決。所以郭象言：

> 常無心而順彼，故好與不好，所善所惡，與彼無二也。其一也，天徒也；其不一也，人徒也。夫真人同天人，均彼我，不以其一異乎不一。無有而不一者，天也。夫真人同天人，齊萬致。萬致不相非，天人不相勝，故曠然無不一，冥然無不在，而玄同彼我也。（《莊子‧大宗師注》）

正是在這種「無心而順彼」的過程當中，彼我才能均，天人才能不相勝，進而達到「玄同彼我」的「冥然之境」。從郭象的闡述中可以看出，萬物之存在

是不能相無的，因此也就不存在相勝的問題，每個存在都有其存在的價值，
是不能用其他存在來標識或否定的。但是，作爲個體性的存在又不是混亂沒
有意義的，郭象言「玄冥之境」就是在存在的意義上，將所有的不同統一起
來，當然這種統一不是將不同化爲「一」，而是爲所有不同尋找其存在的「共
在之場」。正是在這個意義上而言，「和」恰恰就是不同在存在的意義上的展
現。也就是說，不同是存在之爲存在的基礎，而「和」則是存在在其存在中
必然達到的存在狀態。雖然，性分也是存在最原初的存在狀態，但是隨著萬
物展開自己的存在，在其存在的意義上再言性分就沒有意義了，其成就存在
就達到「和」或者「玄冥之境」。

　　所以郭象的個體性問題，實際上是其哲學思想的立論基礎，郭象也很重
視「和」的，只是這個和並不是外在之和，不是在所有個體性存在之外存在
著一個統一性，而是只有每個個體性存在都在自己的性分之內成就自己的存
在，就必然達到「和」，因此，郭象言「玄同」。郭象言：

> 物皆自是，故無非是；物皆相彼，故無非彼。無非彼，則天下無是
> 矣；無非是，則天下無彼矣。無彼無是，所以玄同也。(《莊子·齊
> 物論注》)

「玄同」就是否定在認識上的是非，而尋求在存在上的同。所以，「玄同」就
不是在認識上的渾然爲一，而是在存在的意義上的各自得，「各自得耳，非相
同也，而道一也」(《莊子·徐无鬼注》)。郭象言：

> 夫天地之理，萬物之情，以得我爲是，失我爲非，適性爲治，失和
> 爲亂。然物無定極，我無常適，殊性異便，是非無主。若以我之所
> 是，則彼不得非，此知我而不見彼者耳。故以道觀者，於是非無當
> 也，〔能〕付之天均，恣之兩行，則殊方異類，同焉皆得也。(《莊子·
> 秋水注》)

在郭象看來，「付之天均，恣之兩行」則萬物在各自的個體性的基礎上必能「同
焉皆得」，也就是達到和而不同。

三、存在即逍遙——人的自由性

　　從前面的論述中可以看出，郭象言「順天應人」、「和而不同」，一方面，
打破了人的存在對外在力量的依賴，而將存在問題轉向人自身；另一方面，
確立了人的個體獨立性的價值，並在此基礎上建立起「和而不同」的人的共

在理想。如果說在《莊子》那裡，「逍遙」作爲一種價值理想是值得追求的話，那麼在郭象的《莊子注》中，「逍遙」則是人的存在的內在本有的規定。人的存在，必然是以去存在才能得以展開和完成，而這一過程的結果，必然是在有物之域中每個個體性存在達到「和而不同」的逍遙共在。也正是在這個意義上郭象乃是臻逍遙於有物之域。

前面曾經談過，物的存在並沒有逍遙問題，言逍遙必然是言人的存在。雖然在《莊子》和郭象《莊子注》中也曾借用一些物的逍遙，但這僅僅是一種象徵性的比喻。如郭象言：

> 二蟲，謂鵬蜩也。對大於小，所以均異趣也。夫趣之所以異，豈知異而異哉？皆不知所以然而自然耳。自然耳，不爲也。此逍遙之大意。（《莊子·逍遙遊注》）

郭象只是借用鵬蜩，來闡明逍遙的大意。所以，在郭象這裡，逍遙問題和人的存在問題是緊密地聯繫在一起的。換句話說，只有人的存在，才有逍遙的問題。那麼縱觀郭象《莊子注》，人的存在究竟有什麼特徵，歸納起來有一下幾點：

第一、有物之域中的自在。就是說人的存在沒有任何外在的根據，在其自生的基礎上是以自己存在爲前提而展開自己的存在。這是郭象對人的存在的理解，其用「造物無物」、「物各自造」來表達這種看法。人在生成論的意義上而言，是沒有一個創生的原因和根據，談人之生僅僅是在存在論的意義上而言的。也就是說，存在是人先天秉有的。很多人都認爲郭象的創生論很神秘，因爲郭象否定有「造物主」的存住，人的存住的根據也不是「道」、「有」、「無」，但是郭象並沒有說明人是怎麼創生出來的，僅僅言自生。實際上，這裡面需要明確一個問題，那就是人們關注造物主、關注創生者，多是從本體論意義上而言需要爲現有的萬物尋找一個統一性的根據；而郭象言自生是從存在論意義上而言的。換句話說郭象更關注的是人是如何在這個世界上存在的，而不是人是如何創生出來的。所以，郭象的哲學思想中這個內在性的轉變意義是十分重大的。在郭象以前，人們雖然關注的也是人的存在的問題，但是由於這種關注是一種外在性的訴求，總要從人的存在的外在性上尋求根據和原因。郭象打破人的存在和外在世界之間的聯繫，將人的存在問題還原成人自身本有的問題。這種內在性的轉向在中國哲學史上具有十分重要的意義，爲以後宋明理學的發展奠定了一定的基礎。宋明理學的立論基礎，或多

或少是從郭象這裡獲得直接或間接的啓示。在宋明理學裡，追求的天理、天道和先秦儒家和道家的思想似乎很相似，但是天理、天道已經是人存在的內在性的規定，而這個想法在郭象這裡就已經存在了。所以說郭象把人的存在的根據轉向人自身，正是是在這個意義上而言，人的存在是自在的，沒有任何外在的根據，人只能以自己的去存在來證成自己的存在。

　　第二、「適性、無心、與化爲體」中的自爲。在郭象看來，人生遭遇的這些困境都是人的有爲造成的。所以，郭象希望通過無爲消解人與世界的對待關係。但是郭象的無爲不是不爲，而是不執於「一方」，不「以己制人」，不「相效」。也就是每個個體性存在都是在自己的性分之內適性而自爲，所以郭象強調無心、與化爲體，就是希望人的所爲不超越自己的性。郭象言無心，就是要去除人在心上的執著，徹底在心上達到無爲，因爲心無爲人才能夠「隨感而應、應隨其時」。郭象要遣去人的過分之知，使人能各安性命，在自己的存在中獲得存在的意義。所以，郭象言「與化爲體」，就是要達到和己之化合一。郭象即言自化也言獨化，自化和獨化是一對概念，而不是相同的概念。自化是從個體性上言的，獨化是從關係上言的。對於具體的存在，沒有獨化的問題，只有自化的問題。但人的存在不但是個體性的存在，也是群體性的存在，所以獨化是保證群體和諧存在的必要條件，只言自化，群體性的共在是沒辦法解決的。無論是自化還是獨化作爲化而言都是人的自爲。如果說人在存在的基礎上沒有一個統一性的根據的話，那麼人在成就自己存在的方式上也不會有一個普適性的準則。所以，萬物萬化，人的自爲就是保證每一個存在都在自己性分之內而化，人之眞性不在於有一個性之眞，而在於不脫離人之性。所以，在郭象這裡講無爲，就是遣去人們對眞性之眞的執著，而在眞性之得性而不失性的意義上隨感而化，無心而自爲。

　　第三、逍遙。有物之域是將人的存在的基礎、將人成就自己的存在轉回到人自身，也就是說人的存在是以自身爲根據的，在存在根據意義上而言是自生、在存在方式上而言是自化。有物之域使人回到了人自身，無論從人與世界的關係而言還是從人與他人的關係而言，每個具體的存在都是具有絕對性價値的，都是不依存於任何外在的東西。無待使人的存在落實到了人的存在過程而不僅僅把人的存在當作一種理論解釋。所以，在有物之域中人才能在自己存在的基礎上實現自己存在的價値和意義，人實現的才是眞正的逍遙。無心是使人的存在轉回到人自身，在人自己的存在過程中不超越人之性

分。因此，人在有物之域中無心而在，必然達到逍遙。由此可見，逍遙並不在人的存在之外，而正是在人的存在之中。所以每個人只要各安性命，任性、自足，便會在存在的過程當中達到逍遙。郭象言：

> 夫小大雖殊，而放於自得之場，則物任其性，事稱其能，各當其分，
> 逍遙一也，豈容勝負於其間哉！（《莊子·逍遙遊注》）

> 苟足於其性，則雖大鵬無以自貴於小鳥，小鳥無羨於天池，而榮願
> 有餘矣。故小大雖殊，逍遙一也。（《莊子·逍遙遊注》）

從以上的論述中可以知道，正是郭象對人的存在的「獨特性」的思考，才使郭象的思想相對於莊子而言發生了巨大的轉變。在郭象這裡，人的自由性不是一個外的可以追求的價值，而是人的存在本有的規定，人只有在自己的存在過程當中才能獲得自性的逍遙，而也正因如此，群體性的和諧才能獲得最終的實現。郭象立論的基礎雖然是有物之域中個體存在的絕對價值，但其歸處卻是在此基礎上建立起來的整體和諧——神器獨化於玄冥之境。

結　語

　　概而言之，郭象《莊子注》的哲學思想可以從三個方面來探討：一是，郭象爲人生確立的價值是什麼？二是，郭象如何證明這個價值之眞？三是，郭象爲什麼取如此的價值路向？也就是這種價值取向的意義何在？

　　中國哲學偏重於直接關注人生的困境，其理論興趣不是在「思」的困境中解釋世界是什麼，而是在「生」的困境中揭示人生應該怎樣？或者怎樣更好？因此，中國哲學更傾向於求索價值之眞，而不是追究事實之眞。價值之眞不是個認知問題，而是關涉體證、體驗、感受的問題，也只有在這個意義上才有眞、善、美的和諧統一。中國哲學的「眞」是實現出來的，郭象的哲學思想在這一點上表現得尤爲突出。郭象哲學思想的目的，不是對有物之域實然狀態的描述，而是在應然的意義上論證個體存在如何在玄冥之境中體證和實現逍遙。

　　郭象《莊子注》的哲學思想核心就是：臻逍遙於有物之域。在郭象看來，逍遙就是個體的足性和全性；有物之域就是我們存在的生生不息的世界。那麼臻逍遙於有物之域就是要說明個體如何在現存世界全其性分之內，也就是要說明如何即現實而逍遙，說到底就是如何實現存在世界和價值世界的統一，這個統一的狀態就是郭象所說的「神器獨化於玄冥之境」。玄冥之境不僅表徵著個體逍遙的狀態，更蘊意著整體和諧。從有物之域到玄冥之境，郭象並沒有懸設「道」、「自然」、「人性」等作爲萬物存在價值的外在根據，因而從有物之域到玄冥之境不是個體精神境界的提升，不是兩個世界的轉變，而是即有物之域而實現價值意義的翻轉。所以，郭象所言的逍遙義乃是在整體和諧中實現個體存在之爲存在。這不但是郭象《莊子注》的立論基礎，更是其所要實現的價值理想。

　　時代的動蕩容易激發人們對生命的思考，對現世存在的價值和意義的追問，人之外、生之外的超越終是霧中花、水中月。臻逍遙於有物之域，不但是在現實人生當中尋找到的安身立命之本，更是作爲個體存在實現自身存在價值的方法和途徑。郭象作爲哲學家，不僅僅是給予人們一個美好的理想，同時，他拋棄神秘主義的構想，而以「辯名析理」的方式論證實現理想的可能性。郭象在實現的意義上講理想，在理想之中談實現，二者須臾不離。哲學家們對存在根據的探討，無非還是要歸宗於存在方式和存在價值的實現。郭象在這個問題上是清醒而自覺的，因而，以存在論、方法論再到價值論解郭象《莊子注》的思想，當是題中應有之義。

　　郭象立論於有物之域，消解了萬物生成和發展的外在性根據。在郭象看來萬物皆以自生爲存在之本，因此萬物無不在自生的基礎上自化。自生、自化的過程就是萬物成就自身的生生過程。但是，萬物在成就自身存在的過程當中並不是任意而成。萬物因自生而各有其性，自化、自成不能脫離其所獲得的先天之性，也就是郭象所言的本性、眞性。不過，郭象並不是從萬物之性的內容上言本、眞的，而是從性之得失上言本、言眞。這樣，所謂的自化、自成就是萬物如何獲得自己本性、眞性的過程，這便需要適性、無心、與化爲體等萬物得性的必要環節。因郭象所言本性、眞性並沒有前定性的內容，所以萬物只能以順任萬物各自的性分爲基礎，在個體成就自身的過程當中證成其本性、眞性，並以自得爲萬物之得性狀態。得性之於物很容易，但對於人來說很難，因爲人「有心」，總是以己是爲是，以人非爲非，總是以己制物，相效相跂，所以人的得性過程需要無心。在郭象看來，無心就是要去除人在心上的執著，心無爲而任萬物自化，並在與化爲體的過程當中實現萬物的整體和諧。郭象將萬物整體和諧狀態把握爲玄冥之境，因此這個玄冥之境就不是一個和萬物毫不相關的超越世界，而是萬物在各自性分實現的基礎上達到的自得之場。

　　郭象將這一思想應用到社會人生當中，認爲人不需要消極地逃避，而應各安己命。廟堂與山林，名教與自然，無不在人的性分之內而得到和解。因此，郭象重新理解了人的存在，不是把人的存在當成一種已完成的狀態加以解釋，而是在生成的意義上言如何成就自己的存在。在郭象看來，自生不但是人生成的根據，也是人得以完成其存在的基礎。雖然同是自生，但「人之生」與「物之生」又是不同的，人必然要與他人或外物打交道，這是人無法

逃避的命。也正是在這個意義上，郭象並不反對人事，在郭象看來，只要「本乎天」，人之「接物之命」則未有不當。並且，郭象言舉天地以奉「人之生也」，進一步肯定人的存在價值。在肯定人的存在價值的基礎上，郭象通過性分，又進一步確定每一個體生命存在的價值，郭象言「物各有性」、「性各有極」，並在自盡其極、冥極的意義上，每一個體生命得以成就其自身的存在。所以，郭象言人，雖然經常「天人」對舉，但天已經不是外在性超越的存在，而是人之性分之內的理，是人之「天然」、「自然」。而且「神人」、「聖人」也不再是人追慕、效法的對象，無非是萬物得性之「迹」，在「所以迹」的意義上而言，人只要各安其性就能逍遙於自得之場，人與他人、人與萬物就能達到整體性的「和」，這樣每一生命個體都成為這「和」中不可或缺的一個部分，同時又在自己的存在當中成就了整體和諧。

可見，郭象通過注《莊子》，將《莊子》思想中的一些重要問題明確地提了出來，並以自己的方式加以理解，建立起屬於自己的「思想體系」。關於郭象《莊子注》與《莊子》之間的關係，學術界存在著諸多的爭論，但郭象《莊子注》在《莊子》思想研究中的重要地位是不能否認的。《莊子注》不但是《莊子》得以廣泛傳播的載體，更使得《莊子》的思想得以被重新理解和發揮，尤其是郭象《莊子注》進一步深化了《莊子》的逍遙義。本文認為相對於《莊子》，郭象《莊子注》有許多「自家意思」。

郭象在《莊子注》中將哲學的立論基礎轉向有物之域。在《莊子》裏，無論是「逍遙」還是「齊物」，其根據都在於肯定超越性的「道」，雖然在《莊子》裏，道的實體性意義已經被弱化，但萬物的價值獲得仍然要復歸於那個「道」，以道統之。在郭象《莊子注》中，明確否定以「至道」為萬物之先，指出道在自然，是於萬物的真實存在中顯現的。並且，道常和理在相同意義上使用，是對萬物存在法則的「指稱」。關於道和理的內容，在《莊子注》中亦未得到深入的探討，郭象只言萬物皆有道、理，並用「自然」而統言之。可見，郭象並不重視道是什麼，而更關注萬物如何更好地成就自己的存在之道。所以，相對於《莊子》，郭象在《莊子注》中轉向有物之域，一方面是面對時代性問題的不得已而為之，另一方面也是其作為哲學家的重大理論貢獻。《莊子》特別重視「超越」，但是超越也分為兩種，內在性超越和外在性超越。內在性超越主要是指立足於生命自身，以成就自身的存在為目的，而上達心靈或思想的超越狀態；外在性超越則是通過在人的生命之外懸設統一

性價值，而完成對自我的否定。相對而言，早期儒家更重視內在性超越，因而表現出對現實世界的持續關注，重視個體生命的價值在社會意義上的實現。老莊則容易引向避世和隱者的超越性追求，走向對人生和現世的逃避。《莊子》因非出於一人之手，前後思想難免有牴牾，因此《莊子》中存在著兩種似乎不同的超越路向，一是外在的，以「道」和「天」為根據的；一是內在的，以「命」和「人」為根據的。儘管《莊子》中傾向於將天道與人道合一，還是被批評為「蔽於天而不知人」（《荀子·解蔽》），說明莊子對超越的內在性的認識是不夠的。郭象則明確地否定了同於天的路向，或者說將天人合一，在超越性的問題上，立足於有物之域，從人的內在性出發。郭象《莊子注》立論於有物之域不是對莊子所理解的超越性的反叛，而是對超越性理解的深化。這樣，郭象把人的歸處問題從一種「形而上」的超脫轉化為「形而下」的自得，立足於有物之域的超越一定是內在性的超越，所尋求的「逍遙」才是人內在性的逍遙。

　　正因為郭象的哲學思想立足於有物之域，希望在內在性上實現超越，因此對於有物之域郭象就不是「解釋」的態度，而是希望在有物之域中「實現」萬物的內在性超越。郭象以「無心」為宗，把莊子的「無為」把握為「心無為」，從人的內在性上將無為的問題轉化為人的心性問題，深化、發展了道家心性論。郭象在《莊子序》中言莊子「可謂知無心者也」，而郭象更進一步希望能「心無為」。在郭象看來，無心不僅僅是在「知」上的無心更是在「為」上的心無為。相對於莊子，郭象並不反對「有為」，而是反對有心之「為」。「與物冥」和「任乎自化」都是一種為，但只要「無心」則就不會與「天下對」，就「應為帝王」。關於無心，郭象在《莊子注》中於知與學、言與意、名與實等諸多方面有所論及，並從性分實現的角度，探討了心、性之間的關係，以「適性」、「無心」、「與化為體」來成就萬物之性。郭象從心性問題言天人關係，是對道家「心性問題」的進一步發展。在老莊那裡，心、性並沒有被聯繫到一起，無為一般都是在為上而言，而不是在心上言，所以導致是有為還是無為的無窮爭論。在郭象《莊子注》中，將無為的問題轉化成心無為，統一了有為和無為。「無心於物，故不奪物宜」（《莊子·大宗師注》），在無心的意義上「為」才能不失性，將心和性看作是內在關聯的。在《莊子》中，雖然也有「心齋」、「坐忘」等說法，但對心、性問題的論說是不夠明確和深入的。莊子雖然也對性與天道的問題有所涉及，但沒有像郭象這樣直接在心上

言萬物的存在、言性、言天。所以，郭象就把老莊的無爲轉化爲具體的可以操作的「無心」、「心無爲」，從而發展了道家心性問題的方法論取向。

　　莊子所實現的超越因其**趣**向於精神方面的逍遙遣放，所以往往是對社會性的反叛，因之其所成就的僅僅是精神性、個體性的自由。但是郭象立足於有物之域，從個體性的實現中成就整體性價值；在整體性和諧中實現個體性的價值。不但改變了《莊子》思想中精神化追求的傾向，而且在群體性、社會性意義上面向了人的眞實存在。郭象的很多概念既講分，又講和，注重從關係出發。關於郭象的「獨化論」，學者們將其概括爲郭象思想的理論特色，這是不爲過的。但是，關於獨化在郭象《莊子注》的理論意義，還需進一步發掘。郭象言「獨化」是相對於「自化」而言的，獨化並不是自化的同語反覆，而是和自化一起，構成一個內在和諧的體系。獨化是萬物在自化的基礎上能保持自己的「獨立性」，並且這種獨立性不是孤立的而是一種「相互」的獨立性，如果說自化表徵著性分之分的話，那麼獨化表徵的則是萬物之和。萬物在有物之域的意義上而言是雜亂的獨立個體，但通過自化、獨化，在各自獨立中又可以建立起彼此的聯繫。正是因爲自化，萬物在有物之域才能保持自己的個體獨立性；正因爲獨化，萬物才會不失自己的自化，在彼此相關中達於和，也就是那個「玄冥之境」。可見，獨化是郭象《莊子注》中極具特色的概念，獨化是就關係而言的，這樣就使得郭象在自生、自化基礎上建立起的萬物個體性價值具有了整體性的意義。正是在這個意義上而言，郭象言有物之域才不是一個混亂的雜多，而是通過自化、獨化而形成的秩序整體。有學者把中國哲學思想把握爲關係存在論，那麼獨化使郭象的哲學立論上陞到關係的層面，是否是存在論還存在著爭議，但是從關係的層次上把握郭象思想應該說還是很妥當的。正是因爲獨化，郭象改變了莊子哲學的純粹精神性、個體性傾向，雖然郭象也特別重視個體性問題，但郭象是在關係中談個體性，這樣個體性所實現出來的才不是單個的「多」，而是整體的「一」，是個體性基礎上的群體性和諧。郭象《莊子注》所尋求的就不是《莊子》所說的個人的解脫和放達，而是整個社會在萬物獨化中才能保持和實現的整體和諧性，這個和諧性是個體存在價值實現的必要支撐。

　　郭象《莊子注》將《莊子》裏外在性的天人對待關係，轉化爲內在性的「有心」和「無心」、「有爲」和「無爲」之間的關係。在《莊子》中牛馬之自然之生被看作是「天」，而對牛馬的「穿落」被看作是人。在郭象看來，「穿

落」是「可也」,「不辭穿落」才是牛馬的天命。所以,郭象強調要「當乎天命」,就是無心、無爲而任牛馬之「天命」,如果有心、有爲則牛馬「走作過分,驅步失節」,是以人滅天。據此,將天人問題轉化爲人的「性分之內」的問題,強調「無心而任自然」,「任其自然,天也。有心爲之,人也」。在《莊子》中有言:「馬,蹄可以踐霜雪,毛可以御風寒。齕草飲水,翹足而陸,此馬之眞性也。」(《莊子・馬蹄》)郭象解之:「馬之眞性,非辭鞍而惡乘,但無羨於榮華。」可見,郭象在人的有心還是無心的意義上言「眞性」,只要本之於無心皆是天(然),不必推辭人事;而莊子在的物性的意義言眞性,凡是超出物性形質的穿牛鼻、落馬首都是違背天(然)的。也正是郭象實現的這種轉變,在《莊子注》中,天人合一才成爲可能。

郭象通過《莊子注》對《莊子》的理解和發揮,消解了魏晉玄學的「玄遠」傾向,重新把哲學的任務從「形上追求」轉向有物之域,轉向成就人自身的存在上來。魏晉玄學所開闢的形而上學的訴求是中國哲學發展的一個方向,人們試著從世界的統一性角度,爲內聖外王及安身立命尋找形而上的根基。郭象揚棄了魏晉玄學中外在性的超越,但肯定了魏晉玄學對個體價值的追求,因此郭象哲學思想是將人從外在超越轉化爲內在超越的重要理論環節,可以說是中國哲學意義上的「人的覺醒」。莊子還有小和大,人和天的區分,「眇乎小哉,所以屬於人也;敖乎大哉,獨成其天」(《莊子・德充符》),郭象在《莊子注》中,將外在超越性的天轉化爲人內在的自然、天然,人成就自己的存在不是趨向於外在的天,而是在其內在性(性分之內)上成就自己之性。天不在人之外,而在人之內,只要任人之性就能成人之天。因此,郭象立論於有物之域,在認同個體差異性存在的基礎上論證超越的可能性,這是郭象重大理論貢獻。

正因爲以上這些理論成就,郭象對人生困境的問題做出了屬於自己的回答。就形上層面而言,立足於有物之域,確立了個體性的絕對價值,爲人的安身立命尋找到了眞實之「本」。並且,通過自生、自化,爲個體性價值確定了超越的的可能性。就社會層面而言,個體性的絕對價值並不是否定社會的秩序性。郭象將個體性價值的「自然」同社會性的「名教」消解轉而成爲人的性分之內外的問題,人在實現自己性分的同時即是個體價值的實現也是社會和諧的完成。就個體層面而言,個體價值的實現過程也就是人超越自己的有限性在群體意義上實現自己無限性的過程。自此,郭象找到了形而上和形

而下、個體與群體、有限性與無限性之間和解的可能性路向。在哲學的意義上，郭象立足於個體性而求整體性，並把整體性看作是個體性存在本有的規定，通過個體性的實現，同時也就實現了整體性。在時代的意義上，郭象將人們的目光從消極的避世轉向到安於己命，將名教與自然的對立和衝突轉化爲個體存在的性分之內和性分之表的矛盾。不以名教否定自然，也不以自然否定名教，而是在人的內在性上達成名教和自然的和解，在一定意義上化解了儒、道之間關於教化的衝突。

　　中國哲學關注人和生命，那麼自然關注人成就自身的問題，於社會而言就是教化問題。「儒學作爲哲學，有其自身的特點。它以『教化』爲旨趣，而不專注於認知性的理論建構，這是它不同於西方哲學之處，可以名之爲『教化的哲學』。這一『教化的哲學』，規定了中國文化的基本的精神方向。」〔註1〕儒家崇尚「名教」，道家崇尚「自然」，在魏晉時期，這兩種不同的標準緊張對立。郭象雖然注《莊子》，也延承了魏晉玄學中的「尊孔」，並不把名教與自然看成是絕對對立的，而是在人的內在性上實現二者的和解，廟堂無異於山林，聖人即是眞人，可以說，將教化的問題轉化爲人的「成己之性」的問題。「名教」主張立教而化之，「自然」強調任性而化之，但無論是名教還是自然，如果不離人的「性分之內」，就都是在人的「性分之內」的「化」了。儒學也非常重視「化」，「儒學的文化意義是『教化』，其在哲學思想上亦特別注重一個『化』字。這個『化』的哲學意義，就是要在人的實存之內在轉變、變化的前提下實現存在的『眞實』，由此達到德化天下，以至參贊天地之『化』育的天人合一。」〔註2〕「自化」、「獨化」是郭象《莊子注》中核心的概念，正是因爲「自化」和「獨化」，人在成就自己之性的時候實現的才是自己「實存之內在轉變」。郭象雖然一再反對教和學，但又說：「教因彼性，故非學也」，所以，郭象的「教」是不教之教，是在順應本性的化中實現人的存在之眞，這其中並不排斥名教的內容。郭象注重在性分意義上的獨「化」而不教，一方面著力避免「名教」的外在性，另一方面又要跳出「自然」的隨意性，這一努力使得道家講的「化」與「儒學意義上的教化」在宗旨上達成一致，有異曲同工之妙，因此，在消除對立的同時亦爲儒學的教化方式和取向提供了有益的補充。

〔註1〕李景林，教化的哲學〔M〕，哈爾濱：黑龍江人民出版社，2006年，第14頁。
〔註2〕李景林，教化的哲學〔M〕，哈爾濱：黑龍江人民出版社，2006年，第5頁。

綜上可見，郭象《莊子注》爲後世傳誦，不但是研究莊子的重要文獻，其自身的思想價值也是非常重大的。明代馮夢禎給予的評價，算是極高而中肯的：「注《莊子》者郭子玄而下凡數十家，而精奧淵深，其高處有發莊義所未及者，莫如郭子玄。蓋莊文，日也；子玄之注，月也；諸家，繁星也；甚則爝火螢火也。……昔人云：非郭象注莊子，乃莊子注郭象。知言哉！余故進之，進之與莊子等也。」（歸有光《南華眞經評注》馮序）郭象《莊子注》的思想雖然傾向於對現實的妥協，但其對有物之域的關注，對人的內在性的重視，對個體價值的肯定，對社會整體和諧的嚮往，爲我們這個時代提供了重要的理論參考。

參考文獻

古　籍

1. 郭象（注），成玄英（疏），南華眞經注疏〔M〕，北京：中華書局，1998 年。
2. 老子，老子（《諸子集成》本）〔M〕，北京：中華書局，1954 年。
3. 莊子，莊子（郭慶藩《莊子集釋》本）〔M〕，北京：中華書局，1961 年。
4. 王弼，王弼集（樓宇烈《王弼集校釋》本）〔M〕，北京：中華書局，1980 年。
5. 嵇康，嵇康集（戴明揚《嵇康集校注》本）〔M〕，北京：人民文學出版社，1962 年。
6. 阮籍，阮籍集（陳伯君《阮籍集校注》本）〔M〕，北京：中華書局，1987 年。
7. 房玄齡等，晉書〔M〕，北京：中華書局，1974 年。
8. 陸德明，經典釋文〔M〕，上海：上海古籍出版社，1985 年。
9. 陳壽，三國志〔M〕，北京：中華書局，1959 年。
10. 文淵閣四庫全書電子版〔M／CD〕，上海：上海人民出版社，1999 年。

專　著

1. 莊耀郎，郭象玄學〔M〕，臺北：里仁書局，1998 年。
2. 湯一介，郭象與魏晉玄學〔M〕，武漢：湖北人民出版社，1983 年。
3. 湯用彤，魏晉玄學論稿〔M〕，上海：上海世紀出版集團，2005 年。
4. 王曉毅，郭象評傳〔M〕，南京：南京大學出版社，2006 年。
5. 金龍秀，郭象莊學之研究〔D〕，北京：北京大學哲學系，2000 年。

6. 余敦康，魏晉玄學史〔M〕，北京：北京大學出版社，2004 年。

7. 馮友蘭，中國哲學史新編（第四冊）〔M〕，北京：人民出版社，1986 年。

8. 王叔岷，郭象莊子注校記〔M〕，臺北：中央研究院歷史語言研究所，1993 年。

9. 王天成，直覺與邏輯〔M〕，長春：長春出版社，2000 年。

10. 許抗生等，魏晉玄學史〔M〕，西安：陝西師範大學出版社，1989 年。

11. 湯用彤，理學佛學玄學〔M〕，北京：北京大學出版社，1991 年。

12. 徐復觀，中國人性論史〔M〕，上海：華東師範大學出版社，2005 年。

13. 錢穆，莊老通辨〔M〕，北京：生活讀書新知三聯書店，2005 年。

14. 李景林，教化的哲學〔M〕，哈爾濱：黑龍江人民出版社，2006 年。

15. 方勇，莊學史略〔M〕，成都：四川出版集團巴蜀書社，2008 年。

16. 牟宗三，才性與玄理〔M〕，桂林：廣西師範大學出版社，2006 年。

17. 牟宗三，中國哲學十九講〔M〕，上海：上海古籍出版社，2005 年。

18. 王叔岷，莊學管窺〔M〕，北京：中華書局，2007 年。

19. 王叔岷，莊子校詮〔M〕，北京：中華書局，2007 年。

20. 王曉毅，儒釋道與魏晉玄學形成〔M〕，北京：中華書局，2004 年。

21. 唐君毅，中國哲學原論·原性篇〔M〕，北京：中國社會科學出版社，2005 年。

22. 盧國龍，郭象評傳〔M〕，南寧：廣西教育出版社，1996 年。

23. 許抗生，三國兩晉玄佛道簡論〔M〕，濟南：齊魯書社，1991 年。

24. 葛兆光，中國思想史（第一卷）〔M〕，上海：復旦大學出版社，1998 年。

25. 康中乾，有無之辨：魏晉玄學本體思想再解讀〔M〕，北京：人民出版社，2003 年。

26. 黃聖平，郭象玄學研究〔M〕，北京：華齡出版社，2007 年。

27. 王葆玹，玄學通論〔M〕，臺北：五南圖書出版有限公司，1986 年。

28. 蘇新鋈，郭象莊學平議〔M〕，臺北：臺灣學生書局，1980 年。

29. 劉笑敢，兩種自由的追求：莊子與薩特〔M〕，臺北：中正書局，1994 年。

30. 劉笑敢，莊子哲學及其演變〔M〕，北京：中國社會科學出版社，1987 年。

31. 林麗真，魏晉玄學研究論著目錄：1884 年～2004 年〔M〕，臺北：漢學研究中心，2005 年。

32. 郎擎霄，莊子學案〔M〕，香港：太平書局，1963 年。

33. 侯外廬，中國思想通史（第三卷）〔M〕，北京：人民出版社，1957年。

34. 任繼愈，中國哲學發展史（魏晉南北朝卷）〔M〕，北京：人民出版社，1988年。

35. 孔繁，魏晉玄談〔M〕，瀋陽：遼寧教育出版社，1991年。

36. 王中江，道家形而上學〔M〕，上海：上海文化出版社，2001年。

37. 余英時，士與中國文化〔M〕，上海：上海人民出版社，2003年。

38. 聶中慶，郭店楚簡《老子》研究〔M〕，北京：中華書局，2004年。

39. 唐長孺，魏晉南北朝史論叢〔M〕，北京：三聯書店，1955年。

40. 陳寅恪，金明館叢稿初編〔M〕，上海：上海古籍出版社，1980年。

41. 劉強，世說新語會評〔M〕，南京：鳳凰出版社，2007年。

42. 李澤厚，中國古代思想史論〔M〕，北京：人民出版社，1985年。

43. 高晨陽，儒道會通與正始玄學〔M〕，濟南：齊魯書社，2000年。

44. 章啓群，論魏晉自然觀〔M〕，北京：北京大學出版社，2000年。

45. 馬良懷，漢晉之際道家思想研究〔M〕，廈門：廈門大學出版社，2006年。

46. 容肇祖，魏晉的自然主義〔M〕，北京：東方出版社，1996年。

47. 羅宗強，玄學與魏晉士人心態〔M〕，杭州：浙江人民出版社，1991年。

48. 那薇，道家與海德格爾相互詮釋〔M〕，北京：商務印書館，2004年。

49. 劉振東，中國儒學史（魏晉南北朝卷）〔M〕，北京：人民出版社，1985年。

50. 傅偉勳，從西方哲學到禪佛教〔M〕，北京：生活讀書新知三聯書店，1989年。

51. 安貝托・艾柯等，王宇根（譯），詮釋與過度詮釋〔M〕，北京：生活讀書新知三聯書店，2005年。

論 文

1. 劉師培，論古今學風變遷與政俗之關係〔A〕，魏晉玄學研究〔C〕，武漢：湖北教育出版社，2008年。

2. 楊國榮，論魏晉價值的重建〔A〕，魏晉玄學研究〔C〕，武漢：湖北教育出版社，2008年。

3. 蒙培元，論郭象的「玄冥之境」——一種心靈境界〔A〕，魏晉玄學研究〔C〕，武漢：湖北教育出版社，2008年。

4. 陳來，郭象哲學及其在魏晉玄學中的地位〔A〕，魏晉玄學研究〔C〕，武漢：湖北教育出版社，2008年。

5. 熊十力，談郭象注（答友人）〔A〕，魏晉玄學研究〔C〕，武漢：湖北教育出版社，2008 年。

6. 任繼愈，中國哲學史的里程碑──老子的「無」〔A〕，道家文化研究第十四輯〔C〕，北京：生活讀書新知三聯書店，1998 年。

7. 王中江，道家形而上學中「化」觀念及其歷史拓展〔A〕，道家文化研究第十四輯〔C〕，北京：生活讀書新知三聯書店，1998 年。

8. 陳靜，「真」與道家的人性思想〔A〕，道家文化研究第十四輯〔C〕，北京：生活讀書新知三聯書店，1998 年。

9. 陳鼓應，道家的社會關懷〔A〕，道家文化研究第十四輯〔C〕，北京：生活讀書新知三聯書店，1998 年。

10. 王德有，嚴遵與王充、王弼、郭象之學源流〔A〕，道家文化研究第四輯〔C〕，上海：上海古籍出版社，1994 年。

11. 牟宗鑒，郭象《莊子注》的唯心主義本質〔A〕，中國哲學史研究集刊〔C〕，上海：上海人民出版社，1980 年。

12. 周積明，論魏晉南北朝文化特質〔J〕，江漢論壇，1989 年，（1）。

13. 王江松，郭象個體主義的本體論〔J〕，中國哲學史，2000 年，（3）。

14. 馮友蘭，郭象的哲學〔J〕，哲學評論，1927 年，（4）。

15. 馮友蘭，魏晉玄學貴無論關於有無的理論〔J〕，北京大學學報，1986 年，（1）。

16. 劉盼遂，申郭象注莊子不盜向秀義〔J〕，文字同盟，1928 年，（10）。

17. 湯用彤，郭象之莊周與孔子〔J〕，哲學評論，1943 年，（4）。

18. 楊明照，郭象《莊子注》是否竊自向秀檢討〔J〕，燕京學報，1940 年，（28）。

19. 王利器，《莊子》郭象序的真偽問題〔J〕，哲學研究，1978 年，（2）。

20. 錢穆，郭象《莊子注》中之自然論〔J〕，學原（南京）。，1948 年，（5）。

21. 湯一介，略論郭象的唯心主義體系〔J〕，北京大學學報，1962 年，（2）。

22. 湯一介，論郭象哲學的理論思維意義及其內在矛盾〔J〕，哲學研究，1983 年，（4）。

23. 湯一介，郭象的《莊子注》和莊周的《莊子》〔J〕，中國哲學史研究，1983 年，（3）。

24. 湯一介，胡仲平，西方學術背景下的魏晉玄學研究〔J〕，中國哲學史，2004 年，（1）。

25. 湯一介，辯名析理：郭象注《莊子》的方法〔J〕，中國社會科學，1998 年，（1）。

26. 蒙培元，「道」的境界──老子哲學的深層意蘊〔J〕，中國社會科學，1996 年，（1）。

27. 蒙培元，從精神超越到形體享樂——玄學心性論的一條發展軌迹〔J〕，哲學研究，1990 年，（2）。

28. 李景林，共通性與共同性——從中國哲學看人的超越性存在〔J〕，齊魯學刊，2006 年，（2）。

29. 李景林，儒家的價值實現方式與個體性原則〔J〕，吉林大學社會科學學報，2003 年，（6）。

30. 李景林，儒道思想及其異同〔J〕，長春市委黨校學報，2001 年，（2）。

31. 李中華，論郭象與莊子人生哲學之異同〔J〕，晉陽學刊，1981 年，（2）。

32. 李中華，郭象的「有無之辯」及其「造物者無主」思想淺析〔J〕，北京大學學報（哲學社會科學版）。1984 年，（3）。

33. 胡江源，論向秀、郭象兩家《莊子注》的關係——兼與《中國思想通史》商榷（上）。〔J〕，成都大學學報，1981 年，（2）。

34. 胡江源，論向秀、郭象兩家《莊子注》的關係——兼與《中國思想通史》商榷（下）。〔J〕，成都大學學報，1982 年，（2）。

35. 張茂新，試論郭象哲學思想的性質和地位〔J〕，安徽大學學報，1981 年，（2）。

36. 田文棠，郭象《莊子注》哲學思想探析〔J〕，陝西師大學報，1982 年，（3）。

37. 田文棠，論郭象《莊子注》的哲學範疇及其内在關係〔J〕，陝西師大學報，1985 年，（3）。

38. 高晨陽，郭象的認識論思想剖析〔J〕，文史哲，1983 年，（5）。

39. 陳來，魏晉玄學的「有」「無」範疇新探〔J〕，哲學研究，1986 年，（9）。

40. 李增，向（秀）。郭（象）。注《莊》與莊子思想比較——本文僅就有與無、道生萬物兩方面探討其差異〔J〕，中國哲學史研究，1984 年，（3）。

41. 余敦康，關於《莊子》郭象序的眞僞問題——與王利器先生商榷〔J〕，哲學研究，1979 年，（1）。

42. 余敦康，郭象的時代與玄學的主題〔J〕，孔子研究，1988 年，（3）。

43. 王曉毅，郭象歷史哲學發微〔J〕，文史哲，2002 年，（2）。

44. 王曉毅，郭象聖人論與心性哲學〔J〕，哲學研究，2003 年，（2）。

45. 王曉毅，郭象「性」本體論初探〔J〕，哲學研究，2001 年，（9）。

46. 王曉毅，郭象命運論及其意義〔J〕，文史哲，2005 年，（6）。

47. 王曉毅，阮籍《達莊論》與漢魏之際莊學〔J〕，史學月刊，2004 年，（2）。

48. 王曉毅，淺論魏晉玄學對儒釋道的影響〔J〕，浙江社會科學，2002 年，（5）。

49. 王曉毅，魏晉玄學研究的回顧與瞻望〔J〕，哲學研究，2000 年，（2）。

50. 王曉毅，西晉貴無思想考辨〔J〕，中國哲學史，2006 年，（2）。

51. 王曉毅，向秀《莊子注》研究〔J〕，山東大學學報（哲學社會科學版），1997 年，（3）。

52. 王曉毅，宇宙生成論向玄學本體論的轉化〔J〕，文史哲，1989 年，（6）。

53. 劉笑敢，孔子之仁與老子之自然——關於儒道關係的一個新考察〔J〕，中國哲學史，2000 年，（1）。

54. 蘭喜並，試釋郭象的「玄冥之境」〔J〕，中國哲學史研究，1986 年，（2）。

55. 唐君毅，郭象《莊子注》中之自然獨化及玄同彼我之道〔J〕，中國哲學史研究，1985 年，（3）。

56. 向世陵，中國哲學「變」學論綱〔J〕，中國人民大學學報，1998 年（6）。

57. 向世陵，漢魏晉學術的走向與玄學的興起〔J〕，文史哲，2003 年，（5）。

58. 強昱，莊子《逍遙遊》的精神旨趣〔J〕，中國哲學史，2007 年，（1）。

59. 李祥俊，《莊子》的多元主義〔J〕，船山學刊，2003 年，（3）。

60. 康中乾，從現象學的視野來理解郭象的「獨化」論〔J〕，天津社會科學，2003 年，（3）。

61. 康中乾，郭象「獨化」範疇釋義〔J〕，哲學研究，2007 年，（11）。

62. 孟慶楠，郭象《莊子注》版本分析〔Z〕。